Paul Plagge

Zwiegespräche

Paul Plagge

Zwiegespräche

mit lebenden und
toten Dichtern

lyrische Inspirationen zu
siebenundsiebzig
Kurzgedichten
deutschsprachiger
Lyrikerinnen und Lyriker

Erstauflage Januar 2015
Copyright © 2015 by Paul Plagge
Weitere Urheberechtshinweise auf Seite S.191
Herstellung und Verlag: BoD – Books on Demand, Norderstedt

ISBN: 978-3-7347-4912-4

Bibliografische Information der Deutschen Nationalbibliothek:
Die Deutsche Nationalbibliothek verzeichnet diese Publikation in der Deutschen Nationalbibliografie; detaillierte bibliografische Daten sind im Internet über http://dnb.dnb.de abrufbar.

für meine Mutter, meine beiden
Schwestern, meine Ehefrau, meine
beiden Söhne und
für Karin T., mit der dieses Buch
seinen Anfang nahm

gewidmet aber auch den
Lyrikerinnen und Lyrikern,
die verstarben in den 14 Jahren,
in denen ich an diesem Buchprojekt arbeitete,
namentlich:

Ernst Jandl († 9.6.2000)
Hilde Domin († 22.2.2006)
Robert Gernhardt († 30.6.2006)
Peter Rühmkorf († 8.6.2008)
Christa Reinig (†30.9.2008)
Gisela Kraft († 5.1.2010)
Eva Strittmatter († 3.1.2011)
Franz Josef Degenhardt († 14.11.2011)
Sarah Kirsch († 5.5.2013)
Helga Novak († 24.12.2013)

Liebe

Liebe

O reiche Armuth! Gebend, seliges Empfangen!
In Zagheit Muth! in Freiheit doch gefangen.
  In Stummheit Sprache,
  Schüchtern bei Tage,
Siegend mit zaghaftem Bangen.

Lebendiger Tod, im Einen sel'ges Leben
Schwelgend in Noth, im Widerstand ergeben,
  Genießend schmachten,
  Nie satt betrachten
Leben im Traum und doppelt Leben.

Caroline von Günderrode (1780 – 1806)

Kosmos

Dein Haar, Gesicht und Körper so nah lässt mich schwitzen,
Du machst mich zittern nur durch Fingerspitzen.
  In Blicke tauchen,
  Dir Schwüre hauchen,
Mein Begehren, dich zu besitzen.

Nach tiefem Sehnen hoch auffliegendes Entzücken!
Ein Wunsch allein, uns beide zu beglücken.
  Vier Hände - was fehlt?
  Zwei Münder - die Welt!
Wir kehren dem Rest den Rücken.

Paul Plagge

Im Garten

Die hohen Himbeerwände
Trennten dich und mich,
Doch im Laubwerk unsre Hände
Fanden von selber sich.

Die Hecke konnt' es nicht wehren,
Wie hoch sie immer stund:
Ich reichte dir die Beeren,
Und du reichtest mir deinen Mund.

Ach, schrittest du durch den Garten
Noch einmal im raschen Gang,
Wie gerne wollt' ich warten,
Warten stundenlang.

Theodor Fontane (1819 – 1898)

Am Strand

Der rauhe Nordseewind zerzaust
Dein blondes Haar und Kleid;
Ich küsse dich und du schaust
Durch mich hindurch ganz weit.

Ich möchte dich noch fragen
Und streue Sand auf deinen Bauch;
Doch deine Augen klagen
Und so bleibe stumm ich auch.

Jetzt eilst du durch die Dünen
davon im schnellen Schritt;
Nun werde ich wohl sühnen,
was du um meiner litt'st.

Paul Plagge (geboren 1969)

Bei den weißen Stiefmütterchen

Bei den weißen Stiefmütterchen
Im Park wie er's mir auftrug
Stehe ich unter der Weide
Ungekämmte Alte blattlos
Siehst du sagt sie er kommt nicht

Ach sage ich er hat sich den Fuß gebrochen
Eine Gräte verschluckt, eine Straße
Wurde plötzlich verlegt oder
Er kann seiner Frau nicht entkommen
Viele Dinge hindern uns Menschen

Die Weide wiegt sich und knarrt
Kann auch sein er ist schon tot
Sah blaß aus als er dich untern Mantel küsste
Kann sein Weide kann sein
So wollen wir hoffen er liebt mich nicht mehr

Sarah Kirsch (geb. 1935)

Im Park unter der Weide

Die nackten Zweige schwingen im Wind
Was stehst du hier und frierst
Du bist zu früh er kommt erst um fünfe
Ich weiß alte Weide ich weiß
Muss nachdenken schweig still

Sagte mir gestern er will mich heiraten
Und seine Frau, richtet sich die Alte auf
Was ist mit der Frau und den Kindern
Er wird für uns eine Wohnung suchen
Und im Sommer nach Rom mit mir fahren

Die Weide steht starr und raunt
Das wirst du nicht tun nicht wahr
Du musst ihn verlassen jetzt endlich
Lass gut sein Weide lass sein
Ich wünschte du hättest Recht behalten

Paul Plagge

In meiner Erinnrung erblühen

In meiner Erinnrung erblühen
Die Bilder, die längst verwittert –
Was ist in deiner Stimme,
Das mich so tief erschüttert?

Sag nicht, dass du mich liebst !
Ich weiß, das Schönste auf Erden,
Der Frühling und die Liebe,
Es muss zu Schanden werden.

Sag nicht, dass du mich liebst !
Und küsse nur und schweige
Und lächle, wenn ich dir morgen
Die welken Rosen zeige.

Heinrich Heine (1797 – 1856)

Ich habe das Gesicht vergessen

Ich habe das Gesicht vergessen
des Mädchens, das zuerst mich küsste –
Was finde ich in deinem Blick,
das ich nicht längst schon wüsste.

Sag jetzt, dass du mich liebst,
so will ich dir auch sagen,
wie schön du für mich bist,
und werd' zum Bett dich tragen.

Sag jetzt, dass du mich liebst
und bleib' die ganze Nacht –
Und gehst du vor dem Frühstück,
dann schließ die Tür ganz sacht.

Paul Plagge

Lied

O Phebus laß dein blicken
eß will sich iezt nicht schicken
du musst mir trawrig seyn
Schau wie auff meinen Wangen
die Wasser-Perlen hangen
alß Zeugen meiner Pein!

Ihr Himmel nembt mit Schmerzen
doch meine Noht zu Herzen!
Du schönes Firmament
Verender dich geschwinde
Weil ich kein Labsal finde
und bin so voll Elendt!

Nun muß ich das bald meiden
und kan mich nicht mehr weiden
An dem / dass meinen Sinn
kan unverbrüchlich binden;
So bald kan Lust verschwinden
Sie fleugt wie Rauch dahin.

Der welcher herzlich liebet
wird jederzeit betrübet
und hat doch solchen Sinn
dass er kann alles leiden;
Doch wenn er sich muß scheiden
so stirbt er gahr dahin.

Sibylla Schwarz (1621 – 1638)

Klagelied der Sibylla Schwarz

Thanatos, wirst du weichen?
Dein Blick lässt mich erbleichen,
dass du mich schließlich zwingst,
zu quer'n mit nackten Fuße
des Hades schwarzen Flusse;
den frühen Tod mir bringst!

Willst nicht dich mir erbarmen,
dass eines Liebsten Arme
mein zart Gestalt liebkost;
einmal mein Mund sich freue
an süßer Lippen Treue
der leidvoll' Seel' zum Trost.

In meinen jungen Jahren
hab' ich stets nur erfahren
des Kriegs Medusenhaupt;
dass Menschen Menschen quälen,
schlachten, vierteilen, pfählen,
all's Mitgefühl beraubt.

Apoll, dein Licht nur selten
drang in die tiefen Welten
mein's sehnsüchtigen Herz.
Nur wenn der Schwestern Liebe
weckte des Frohsinns Triebe,
sich linderte mein Schmerz.

Paul Plagge

Ich werde nicht an deinem Herzen satt

Ich werde nicht an deinem Herzen satt,
Nicht satt an deiner Küsse Glutergießen.
Ich will dich, wie der Christ den Heiland hat:
Er darf als Mahl den Leib des Herrn genießen.
So will ich dich, o meine Gottheit, haben,
In meinem Blut dein Fleisch und Blut begraben.
So will ich deinen süßen Leib empfangen,
Bist du in mir und ich in dir vergangen.

Ricarda Huch (1861-1947)

Ich finde keine Ruh' in meiner Brust

Ich finde keine Ruh' in meiner Brust,
Kann dir nicht treu sein, selbst in Gedanken.
Ich bereue, wie der Mönch die Wolllust,
Dass ich deine Treue dir nicht kann danken.
Doch tauche ich abends ein in deinen Schoß,
Und liebe dich zärtlich mit zornigem Stoß,
Dann weichen für kurze Zeit alle Schatten,
Wenn wir endlich Hand in Hand still ermatten.

Paul Plagge

Liebe im Grase

Die Blumen standen, wie ein wirrer Kranz,
Brautkranz für mich, Siegerkranz für dich –
Sie leuchteten vor Scham und jungem Glanz
Und dachten sich
Wohl einen weißen, weißen Schmetterling
Oder einen raschen, roten Falter,
Der schwer an ihren off'nen Kelchen hing'.

Die Sonne kam, aus Rot und Gold und Braun,
Braungold wie mein Haar, Rotgold wie dein Leib –
Trat frei in Blätterhaus, uns anzuschaun,
Denn sie ist Weib,
Ist warm und weiß, wie schamlos Liebe gibt,
Und beschenkte uns mit blühenden Lichtern.
Die Sonne ist ganz nackt wie wir und liebt.

Die Sonne glühte nackt und freute sich:
Freude an dir, Wohlgefall'n an mir –
Und meine Augen glänzten ewiglich
Vor Glück in dir.
Und meine Brüste haben weich gelacht,
Da sich rings die bunten Vögel riefen,
Und streiften ein Marienwürmchen sacht

Aus deinen blonden Halmen, ehe wir entschliefen.

Gertrud Kolmar (1894 – 1943)

Sommernachtstraum

Im Mondschein hell dein Leib erstrahlt im Sand,
Ich schmecke deine Haut, Meersalz und Schaum,
Sanft plätschern Wellen an den weiten Strand.
Endlos der Raum,
Vereinzelt Sterne blinken, Steinen gleich
Ruht die Zeit, nur die Wolken eilen.
Ich spüre dich ganz tief und zart und weich.

Dein loses Haar der Wind zärtlich umspielt,
Der leise durch den Dünenhafer streicht,
Während du mich wie auf Wellen wiegst.
Einem Schiff gleich,
Das erkundet unbekannte Küste,
Umfahren meine warmen Hände sanft
Die weichen Buchten deiner Brüste.

Eine einsame Möwe zieht ruhelos
Kreischend ihre Bahnen vor dem Mond,
Der die Nacht erhellt, seltsam gelb und groß.
Du wie gewohnt -
Entzündest eine Zigarette, ziehst,
Und reichst sie dann weiter an mich,
Als ein Komet über den Himmel schießt:

Umsonst, denn ich bin wunschlos glücklich!

Paul Plagge

unsagbar

nichts gibt es
unter dieser sonne
worüber wir nicht sprechen können

alles fügt sich in buchstaben
silben hauchen leben ein
nichts kann der sprache entrinnen
alles lässt sich beschreiben

meeresferne sternenfinsternis
himmelsaugenlichter wolfsbrüderschaften
lassen sich in Worte fassen

nur
dein gesicht
geliebte
dein gesicht
als gott
dein gesicht
schuf
vergaß er
uns worte mitzugeben

Nevfel Cumart (geboren 1964)

vertraut

dein gesicht
ist mir so vertraut
wie sonst nichts auf dieser welt

selbst die spuren der jahre
die wir gemeinsam gegangen
uns stritten und vertrugen
unsere kinder wachsen sahen

die vielen fältchen
die dein fröhliches lachen
um deine augen zauberte

die tieferen furchen
die alltagssorgen und müdigkeit
auf deine stirn gerbten

doch
für mich
hat
dein gesicht
nichts
an schönheit
eingebüsst –
ich
möchte es
küssen immerzu

Paul Plagge

Aufblickend

Daß ich nach schalem Genusse,
Erniedrigt, bitter und lichtlos
Mich fasse und in mich greife,
Macht mich noch wert.
Ich bin ein Strom
Mit Wellen, die Ufer suchen,
Schattende Büsche im Sand,
Wärmende Strahlen von Sonne,
Wenn auch für einmal nur.

Mein Weg aber ist ohne Erbarmen.
Sein Fall drückt mich zum Meer.
Großes, herrliches Meer!
Ich weiß keinen Wunsch auf diesen,
Als strömend mich zu verschütten
In die unendlichste See.

Wie kann ein Begehren,
Süßere Ufer zu grüßen,
Gefangen mich halten,
Wenn ich vom letzten Sinne
Immer noch weiß!

Ingeborg Bachmann (1926 – 1973)

Auf dich blickend

Auf einmal, du liegst unter mir,
Gleiten deine Hände von mir ab,
Wendest du den Kopf zur Seite,
Hältst die Augen geschlossen.
Meine Zärtlichkeiten
Lässt du reglos
Über dich ergehen.
Deine Hände suchen Halt
In den zerknautschten Laken.
Die Beine ziehst du an
Den gekrümmten Körper.

Plötzlich weiß ich, ich verliere dich,
Dass ich dich nicht mehr halten kann,
Spüre wie ein mächtiger Sog
Dich fortzieht von mir.

Wie kann ein Begehren
So ehrlich wie das meine
Dir Leiden verursachen,
Unerwidert bleiben?

Paul Plagge

Liebeslied

Weil nun die Nacht kommt,
bleib ich bei dir.
Was ich dir sein kann,
gebe ich dir!

Frage mich niemals:
woher und wohin –
nimm meine Liebe,
nimm mich ganz hin!

Sei eine Nacht lang
zärtlich zu mir.
Denn eine Nacht nur
Bleib ich bei dir.

Wolfgang Borchert (1921 – 1947)

Sorgenlied

Nur eine Nacht lang
bliebst du bei mir.
warst eine Nacht nur
zärtlich zu mir.

Ich fragte nicht:
woher ? wohin ?
gab meine Liebe,
gab mich ganz hin!

Jetzt bist du fort
und ich allein.
Das Kind von dir,
es ist nun mein.

Paul Plagge

Betrunkene Nacht

Der Gin schmeckt gleich um elf und drei,
das Soda wird nur schaler.
Wer will, der kann mich haben
für einen alten Taler.
Mein Bräutigam, mein Bräutigam
war einer von den sieben Raben,
der flog am Haus vorbei,
da war es zwölf vorbei,
mein Bräutigam, mein Bräutigam
tat einen dunklen Schrei
und wollte seinen süßen Schnabel
an meinem Herzen laben,
da spießte ihn ein fremder Mann
auf eine Silbergabel.
Nun kann mich jeder haben
für einen alten Taler.
Das Herz, mein Freund,
ist aber nicht dabei
bei diesem Preis,
dem Herzen, Freund, wird kalt und heiß
nur bei Zärtlichkeiten eines Raben.
Darum auch haben
meine Freunde mich ertränkt ...
Versprecht, daß ihr das Glas Chartreuse verschenkt,
in dem ich schwimme als ein gelbes Ei.

Hertha Kräftner (1928 – 1951)

Der Morgen danach

Ich weiß nicht, ist es erst elf oder schon drei,
das Licht ist meinen Augen viel zu grell.
Mein Kopf, mein Kopf, wer will ihn haben?
Verflucht, wo bin ich? Ist das ein Hotel?
Das Bett ist nicht leer und auch nicht meins.
Was mach ich hier? Was soll der Scheiß?
Ach gestern abend die sieben Raben,
warum ist denn alles schon vorbei?
Doch der da liegt und schnarcht,
Verdammt, wer ist denn der?
Ist das, der seinen süßen Schnabel
an meinem Herzen labte
und der mich dann spießte
auf die Silbergabel?
Mein Hals ist trocken,
ich muss was trinken.
Mich kann jeder haben
für einen alten Taler?
Oh wie ist mir schlecht,
geht das denn nie vorbei?
Wo ist denn hier das Bad?
Wer will der kann mich haben?
Nie mehr Gin, das verspreche ich.
Mein Slip, mein Slip, wo ist der bloß?
Nur schnell anziehen und nichts wie los.

Paul Plagge

Under der linden
an der heide,
dâ unser zweier bette was,
dâ muget ir vinden
schône beide
gebrochen bluomen unde gras.
Vor dem walde in einem tal,
tandaradei,
schône sanc diu nahtegal.

Ich kam gegangen
zuo der ouwe,
dô was mîn friedel komen ê.
Dâ wart ich enpfangen,
hêre frouwe,
daz ich bin sælic iemer mê.
Kuster mich? Wol tûsentstunt:
tandaradei,
seht, wie rôt mir ist der munt.

Dô het er gemachet
alsô rîche
von bluomen eine bettestat.
Des wirt noch gelachet
innecliche,
kumt iemen an daz selbe pfat.
Bî den rôsen er wol mac,
tandaradei,
merken, wâ mirz houbet lac.

Daz er bî mir læge,
wessez iemen
nû enwelle got.
sô schamt ich mich.
Wes er mit mir pflæge,
niemer niemen
bevinde daz, wan er und ich,
und ein kleinez vogellîn -
tandaradei,
daz mac wol getriuwe sîn.

Walther von der Vogelweide (ca. 1160 – 1230)

Unter den Linden
in der Heide
unser Liebesbett da war's.
Das könntet ihr finden,
wo wir beide
brachen die Blumen in dem Gras
vor dem Wald in einem Tal.
Tandaradei,
schön sang die Nachtigal!

Ich kam gegangen
zu der Aue:
Mein Liebster wartete bereit'.
Da wurd' ich empfangen
hold als Fraue,
dass ich bin selig alle Zeit.
Küsste er mich? Wohl tausend Stund'!
Tandaradei,
seht, wie rot mir ist der Mund!

Dort hat er gemacht
mir also reich
mit Blumen eine Liegestatt,
dass wohl innerlich lacht
jeder sogleich,
der findet diesen unsren Pfad:
An den Rosen er seh'n mag,
Tandaradei,
wo mein Haupt gebettet lag!

Dass er bei mir lag!
Wüsst' es jemand,
mein lieber Gott,
was schämt' ich mich.
Wie er mich liebte jen'n Tag!
Niemals niemand
darf's erfahr'n als er und ich
und das kleine Vögelein:
Tandaradei,
das wird wohl getreu mir sein!

Walther von der Vogelweide
(neu übertragen von Paul Plagge)

Vom Strand wo wir liegen

Vom Strand wo wir liegen
Silberne Häute ausgespannt
Stehen wir auf
In der mondlosen Nacht
Begehen das Feigental
Und die feurige Macchia
Lieben im Fleische
Reden mit Zungen
Tauschen das Augenlicht.
Ziehen auf aus der Erde
Hausmauern
Tisch und Bett
Reichen uns ernsthaft
Der eine dem andern
Der andre dem einen
Handüber herüber
Bis zum Morgengrauen
Das rehrote Windei
Hoffnung.

Marie Luise Kaschnitz (1901 – 1974)

In einer Hütte am Ende der Welt

In einer Hütte am Ende der Welt
Ein Raum geteilt durch Bettlaken
Durch ein Loch im Wellblech
Blinkt ein Stern zu mir hinunter
Ich liege wach
Alle anderen schlafen
Der Lehrer Joseph Delio
Seine hübsche Ehefrau Melva
Und die fünf Kinder
Mein Reisegefährte Luis schnarcht
Die traurige Mulattin Darna
Hat sich im Schlaf
In meinen Arm geschmiegt.
Puerto El Bluff Bluefields
Für einen Tag war hier das Paradies
Sie hat mich hier angespült
Sie wird mich hier fortspülen
Das Schiff zurück
Geht schon morgen
Sehnsucht.

Paul Plagge

Als mein Mädchen zu Besuch kam

Als mein Mädchen zu Besuch kam,
Unerwartet wie ein Lied,
Als ich sie dann auf das Tuch nahm,
Das mein Bette überzieht,
Als die Frösche und die Vögel,
Munter quarrten in der Nacht,
Habe ich von Gottes Regel
Besser als zumeist gedacht.

Als mit Lachen und mit Stöhnen,
Als mit zärtlichem Gelüst
An der Schönheit meiner Schönen
Ich mich noch nicht sattgeküßt,
Als der Morgensonne Prangen
Aus den Wiesen sich erhob,
Wußte ich dem Unterfangen
Seiner ganzen Schöpfung Lob.

Diese Nacht war von den Nächten,
Wo der Mensch die Liebe spürt,
Wo die Knoten sich entflechten,
Die man ihm ums Herz geschnürt,
Als mein Mädchen zu Besuch kam,
Unerwartet wie ein Lied,
Als ich sie dann auf das Tuch nahm,
Das mein Bette überzieht.

Peter Hacks (1928 – 2003)

An dem Tag, an dem mein Mädchen

An dem Tag, an dem mein Mädchen,
Ohne was zu sagen, ging
Aus der Wohnung, aus dem Städtchen,
Nur zurückließ ihren Ring
Mit 'nen Brief auf meinem Bette,
Setze ich mich erstmal hin,
Rauchte eine Zigarette,
Fing zu lesen an darin:

Paul, du wirst es nicht verstehen,
Glücklich war die Zeit mit dir,
Doch nun muss ich leider gehen,
Denn zu eng wird es mir hier;
Bin ein Vogel der im Käfig
Nicht mehr singt und nicht mehr fliegt,
Der deswegen stets und ewig
Nichts mehr als die Freiheit liebt.
Wirst ein andres Mädchen finden,
Sei jetzt nicht zu lang gekränkt,
Das sich wird mit Dir verbinden
Und dir Glück und Kinder schenkt.

So der Brief, mit dem mein Mädchen,
Ohne was zu sagen, ging
Aus der Wohnung, aus dem Städtchen,
Nur zurückließ ihren Ring.

Paul Plagge

Im ersten Licht

Wenn wir uns gedankenlos getrunken haben
  aus einem langen Sommerabend
    in eine kurze heiße Nacht

wenn die Vögel dann früh
  davonjagen aus gedämpften Färbungen
in den hellen tönenden frischgespannten Himmel

wenn ich dann über mir in den Lüften
weit und feierlich mich dehne
in den mächtigen Armen meiner Toccata

wenn du dann neben mir im Bett
deinen ausladenden Klangkörper bewegst
dich dumpf aufrichtest und zur Tür gehst

und wenn ich dann im ersten Licht
  deinen fetten Arsch sehe
    deinen Arsch
            verstehst du
  deinen trüben verstimmten ausgeleierten Arsch
dann weiß ich wieder
  daß ich dich nicht liebe
          wirklich
  daß ich dich einfach nicht liebe

Karin Kiwus (geboren 1942)

Der letzte Abend

Warum wir noch eine letzte Flasche Rotwein
  auf der Terasse geleert haben,
    nahezu ohne Worte,

warum wir dann noch einmal so wie früher
  eng umschlungen auf dem Bett
    gelandet sind,

warum wir nach gewohntem, kurzen Kampf
  nebeneinander in vertrauter Nähe
    entschlummerten,

warum weiß ich nicht. Ich kam eigentlich nur
  meine letzten Kartons abzuholen.
    Doch dann blieb ich.

Und wie du mich dann im ersten Licht
  betrachtest, wie ich aufstehe und
    nackt ins Bad gehe,

und wie ich mich im Türahmen umdrehe
  deinen desilliusionierten Blick sehe
    verstehst du
      diesen allessagenden Blick
da weiß ich auf einmal
  dass ich besser nicht mehr bleibe
    dass ich wirklich
nicht mehr bis nach dem Frühstück bleibe.

Paul Plagge

Eindringliche Absichten

sanft, Liebste, sanft
küßt die Brise
ruhende Blüten, Blätter
einer stillen Rose – dein Gesicht

nackte Sicht meiner Augen
überwindet, eindringend
den fremden Körper deiner Robe
sinkt tiefer, rollt auf deiner Haut

nackt werden meine Absichten
nur in der Bewegungslosigkeit
ich bin in mir gefangen
und nun in dir

Stille
Unruhe wächst
zu schöpferischen Formen
in mir

wie die
im Inneren der Steine

Rajvinder Singh (geb. 1956)

Tiefe Einsichten

du beugst am Tisch
dich zu mir herüber
aus deiner Bluse leuchten
milchigweiß - deine Brüste

nackte Tatsachen
tiefe Einsichten
denen ich nicht
zu widersprechen wage

deinen Worten
nicht mehr folgend
nicke ich zustimmend
zu solch Rubenscher Pracht

Erkenntnis
die Wirklichkeit ist konkret
sinnlich fassbar mit
zwei Händen

nur leider nicht
für mich

Paul Plagge

Liebe 45

Sie hatten kein Haus. Sie hatten kein Bett.
Sie liebten sich draußen vorm Tor.
Hinter ihnen die Stadt starb den Bombentod.
Rot überm Rauch kam der Mond hervor.

Inge Müller (1925 – 1966)

Liebe 1989

Er kam aus Bremen. Sie kam aus Schwerin.
Sie trafen sich im Januar in Ost-Berlin,
Konnten sich gut leiden, schrieben hin und her.
Doch als die Mauer fiel, da war nichts mehr.

Paul Plagge

umbruch

das mondlicht bricht
auf dem wasser es
wird aufleuchtende nacht
auf seinem Gesicht

jedes mal wenn ich
mit dir schmolle lacht
der himmel und es regnet
regen wie gewöhnlich auf
mich nieder

der herzumbruch

Hasan Özdemir (geb. 1963)

anfang

der regenbogen
aber kein topf gold
wo er am ende
die erde berührt

du ließt mich allein
doch jetzt bist du
zurückgekehrt und die
sonne geht auf nach
langem regen

neuanfang

Paul Plagge

Jalousie

geronnen
Lächeln
Schmerz-
milch /
hilf! /
schnürt mir
Gesicht von Hals
Hals
und Hals von
Herz

Friedericke Mayröcker (geb. 1924)

Eiserner Vorhang

harte
Worte
im Zorn
gesprochen

Reue -
ich streichle
deinen
Rücken

deine Tränen
verbergend
schüttelst du
den Kopf

Paul Plagge

amour en passant

der schatten schnee
jeder schritt in die welt war vergessen
hier gingen wir
jeder schnee jeder schritt jeder schatten

Jose F.A. Oliver (geboren 1961)

lost love

des himmels haut
du fehlst mir, mein hoffen ist zerbrochen
ich fühle dünn
meinen himmel, meine haut, mein hoffen

Paul Plagge

An meinen Sohn

Von den Füßen bis zu den gelockten Haaren
immer muß ich dich belächeln
und ich möchte mit der Sonne und dem Wind
mit Brot und Milch und Früchten
mitbaun an dir

Möchte dass der Regen über dich komme
und deine Schultern breit mache
dass dein Weg weit sei
und deine Schritte ihn leicht bezwingen

Wenn du fern bist:
gleich fühle ich mich wie die große Erde
Wenn du auf dem Meere bist
bin ich das Wasser
ich lasse dich nie aus meinem Schoß fallen

Paula Ludwig (1900 –1974)

Für meine Söhne

Ihr seid jetzt neun und elf Jahre alt,
zwei echte Persönlichkeiten,
doch ganz verschiedene,
und ich wüsste nicht zu sagen,
wen von euch ich lieber mag.

Du, mein Jüngster, liebevoll,
aufmerksam, sorgenlos, wagemutig,
ein offenherziger Charmeur,
in deinem hellen Lachen spüre ich
eine nahezu unbändige Lebenslust.

Du, mein Ältester, frühgereift
sprachgewandt, belesen, intellektuell,
ein ewiger Tagträumer,
in deinen dunklen Blicken finde ich
eine mir gut bekannte Melancholie.

Paul Plagge

Natur

In den Nachmittag geflüstert

Sonne, herbstlich dünn und zag,
Und das Obst fällt von den Bäumen.
Stille wohnt in blauen Räumen
Einen langen Nachmittag.

Sterbeklänge von Metall;
Und ein weißes Tier bricht nieder.
Brauner Mädchen rauhe Lieder
Sind verweht im Blätterfall.

Stirne Gottes Farben träumt,
Spürt des Wahnsinns sanfte Flügel.
Schatten drehen sich am Hügel
Von Verwesung schwarz umsäumt.

Dämmerung voll Ruh und Wein;
Traurige Gitarren rinnen.
Und zur milden Lampe drinnen
Kehrst du wie im Traume ein.

Georg Trakl (1887 – 1914)

In die Nacht geflüstert

Wintersonne hell und klar,
kahler Bäume Finger ragen,
Eisblumen am Fenster klagen,
einen Tag im Januar.

Grell gefroren ist die Zeit,
und von weit her Hunde bellen.
Schiffe sanft im Eis zerschellen,
sinken in das Licht so weit.

Streng und weiß der Tod regiert,
drinnen Feuerscheite brennen,
Schatten an den Wänden rennen,
und die Furcht sich nicht verliert.

Dunkler Himmel Sternenlicht,
kalte Hände auf den meinen,
blaue Lippen zitternd weinen,
küssen hoffend mein Gesicht.

Paul Plagge

Winterwanderung

Verschneit der Weg,
Vom Wind verweht.
Wegweiser stehn und weisen,
Wo meine Straße geht.
So still der Wald,
In weißen Schleiern
Still und kalt.
Schneeflocken wehen durch die Luft –
Kein Menschenlaut,
Kein Vogel ruft.
Der Schnee webt mir ein weisses Kleid,
Ich wandre still, ich wandre weit,
Mag keinen Weiser am Wege sehn,
Mag meine eigene Straße gehen
Im weißen Winterfrieden.

Thekla Lingen (1866 – 1931)

Frühjahrswanderung

Durchweicht der Pfad,
Der Regen klamm.
Im Morgenlicht diesig und fahl
Ein alter Birkenstamm
Am Wegrand steht.
In seiner Rinde
Knorrig und hart
Meine zitternden Finger finden
Alte Buchstaben
Längst verwachsen
Unserer Namen.
Ich gehe weiter in nebliger Ruh,
Die Erinnerung trägt mir dein Lachen zu,
Ich spüre nicht die Stiefel feucht,
Ich spüre nur deine Lippen weich
An einem Frühjahrsmorgen.

Paul Plagge

Langsam

Eine einsame Rose
im Garten
auf etwas wartend.
Der flatternde Schmetterling
spürt es
im Vorbeifliegen.
Der Duft,
der ihn umweht,
ist am Erglühen.
Die Rose
wird am Glück
langsam
zergehen.

Suzan Emine Kaube (geb. 1942)

Rasend

Eine Sternschnuppe
am Firmament
zur Erde stürzt.
Die erlöschende Leuchtbahn
erzeugt
eine Reflexspur
auf meiner Netzhaut.
Danach ist
der Nachthimmel
wieder
unverändert.
Und auch ich
sitze
weiter still.
Nur die Gedanken
rasen.

Paul Plagge

eine egge für den regen ein
kamm für den wind und der
rechen für den mond ist es
und eine gemähte wiese

dafydds feld · der roggen
weiß in der nacht wie unter
einer schicht milch · sogar
die igel reden hier walisisch

Raoul Schrott (geb. 1964)

lange furchen, sanftes schaukeln,
dunkle erde, die langsam fällt,
möwen, die um würmer streiten
und ein frisch geplügtes feld

auf dem traktor meine reihen
ziehe ich fort in gerader spur
doch die gedanken, die kreisen
um die verlorene liebste nur

Paul Plagge

Krebse im Flakensee

Krebse die aus dem Schatten
krauchen den der Findling
auf den lichtbrechenden Seegrund wirft
Krebse auf dem gelben
sandigen Grund des Flakensees tiefschwarz
wie mit Scheren geschnitten ihre Scheren
tasten streichen reiben den sonnigen Kies

unsere spitzen Gabeln aus Weiden
vorne gespalten zielen auf den Panzer
langsam zustechen warten und sammeln
einer alleine gibt ja nichts her
erst die vollen Hände also das Spannende
Langwierige stopft uns den Mund

stundenlang mit nassen Armen nassen Stecken
gezielt getroffen gezielt getroffen oder nicht
bis im Kanister die Hölle los ist das Wimmeln
überhandnimmt und alles ausläuft
dann Feuer machen und kochendes Wasser
und Stück für Stück die Krebse lebend hinein
kleine Bissen und haufenweise Schalen

aber wie sprudelten alle Farben und gipfelten
  in vielerlei Rot
betörendes Fahnenrot und das Rot unserer
  kochenden Krebse

Helga M. Novak (geboren 1935)

Krabben aus Friedrichskoog

Krabben drei Kilo frisch gegart
vom Kutter in Friedrichskoog
prasseln über Zeitungsbögen
mittenmang auf den Küchentisch
vier Paar Hände beginnen stracks
die kleinen Schalentiere zu pullen

zuerst Schwanz und Kopf ergreifen
den Panzer am gewölbten Rücken
aufbrechen und das weiche Fleisch
durch eine entgegengesetzte Drehung
aus den Schalenhälften lösen
das zartrosa Fleisch in die Schüssel
die Schalen auf den Haufen werfen

dabei schnacken über dütt un datt
haste schon gehört kennst du den noch
kleine Welt am Rande der großen
fernab vom Wahnsinn der Großstadt
auch Onkel Charly kommt vom Melken
setzt sich dazu machst du noch Rührei
kleine Krabbe in großen Bauernhänden

danach den Tisch zum Abendbrot decken
   zu kleiner Tisch für so viele Leute
   aber viel braucht es heute nicht
Schwarzbrot Butter Rührei Salz und Krabben

Paul Plagge

Worpswede

In der hunderstimmigen Landschaft
hören wir eins: Über die Wiese ist Frost gezogen.
Winterbäume. Eine Krähe ringt mit der Eisluft.

Niemand, heißt es, könne Kälte leiden. Wir aber
auf diesem Hügel wünschen den Winter eben so,
als Spaziergang über dieses Gras.

Unsere Schritte klingen und die Krähe klingt
und das Biegen der gefrorenen Äste. Alles
hält die Kälte in ihrer Stimme

und sie zittert, ein Kind im Eis. Hör doch
du irrst, wir sprechen nicht: Es liegt nördlich
ein Moor, das bricht.

Nora Bossong (geboren 1982)

Vegesack

Gegängelt und in sein tiefes Bett gezwängt
zieht der Fluss vorbei an Werften und Wiesen
dem Meer entgegen, das hier noch fern ist.

Ein Dutzend Segelschiffe im Hafen, der einst
die Stadt begründete und heute nur da liegt
vor Einkaufszentrum und Grohner Düne.

In manchen Straßen bezeugen Bürgerhäuser
den früheren Reichtum. Doch wer heute hier
den Anker wirft, der lichtet ihn nicht mehr.

Doch wenn im Frühling der Stadtgarten erblüht,
und verliebte Paare sich auf Bänken küssen,
dann lebt es sich hier so gut wie anderswo.

Paul Plagge

Aus meinen Händen
rieselt der Sand ganz langsam
zurück in das Meer.

Die Sonne sinkt – sieh
überm dunklen Boot
leuchtet das Segel golden.

Imma von Bodmershof (1895 – 1982)

Sonnengelbes Gold
aus der Erde Staub geschürft
geht von Hand zu Hand.

    Das Schwert aus Stahl sticht,
    ein warmes Herz stirbt,
    doch die Blumen blühen noch.

    Paul Plagge

ambra

wahrscheinlich ist immer ein schiff in der nähe, säulen
von rauch am horizont, die weißen klingen
der segel – doch der maat schläft in den seilen,
dem koch sind die kartoffeln ausgegangen.

das langsame reifen unter der wasserdecke,
das treiben mit november- oder maiwin-
den. später irgendwann die fußabdrücke
an einem strand und ein tumult von möwen.

was weiß der wal davon? was vom flakon,
der goldwaage, dem rührei des regenten?
wie eine hand am tischtuch schwebt die fluke,

als drohte sie, den ganzen himmel mit ins meer
zu reißen, fast verspielt dann ihr verschwinden
zur jagd nach kuttelfischen und kalmar.

Jan Wagner (geb. 1971)

adebar

afrika, kontinent aus farben, düften, trommel-
klängen, endlos blaue weite, ein ave
maria aus weißen schwingen am himmel,
doch unten jagt hungrig brüllend der löwe.

siebentausend kilometer weiter nördlich
das staksen über feuchtwiesen, das picken
nach würmern, mäusen und fröschen im schlammloch,
geduldiges füttern der jungen küken.

wovon träumt der storch? natürlich vom fliegen,
dem weiten weg über die ägäis wohl,
und so spannen sich im herbst die flügel

zum flug über die glitzernden wogen,
über das meer, in das einst ikarus fiel,
immer weiter der sonne entgegen.

Paul Plagge

Umspannwerk Ost

abgehalftertes Land
unter verführerischen Güssen, weißer Flieder
der Güteklasse A am Bahndamm,

Rohre oberirdisch, gravitätisch gebeugt,
in unlogischen Gruppen ohne
Positionswechsel

man trug etwas Leichtes, etwas
Schweres vor sich her,
die hohen Schlote morsche

Teleskope für
die Kettenreaktion von Wolken,
Wind und Licht

Marion Poschmann (geboren 1969)

drive-in-netherlands

die Autobahnen
schneiden skalpellgerade durch die Landschaft
an den Wundrändern Gewerbegebiete

Trucks schwärmen
mit Geflügel, Gemüse und Blumen beladen
brieftaubengleich ihren Zielen zu

diese flache weite Land
hat nichts erhabenes, natürliches
it's only Agrobusiness

Allein die Städte
und ihre Bewohner liebreizen
den Besucher

Paul Plagge

Septembermorgen

Im Nebel ruhet noch die Welt,
Noch träumen Wald und Wiesen:
Bald siehst du, wenn der Schleier fällt,
Den blauen Himmel unverstellt,
Herbstkräftig die gedämpfte Welt
In warmem Golde fließen.

Eduard Mörike (1804 – 1875)

Novembermorgen

Im Chaos taumelt nun die Welt,
Wirbeln Kapital und Börse.
Jetzt siehst du, wenn die Aktie sinkt,
Die Marktwirtschaft ganz ungeschminkt:
Die Krise speist der Reichen Geld
Und frisst der Armen Mais und Hirse.

Paul Plagge 2008

Schlachteplatte

Und treuen Augs das Bier gestemmt
In den Oktober
Wie blonde Fackeln die mit Macht verglühn.

Kerstin Hensel (geboren 1961)

Kohl und Pinkel

Schnäpse kalt und klar wie der Himmel im Januar
An jeder Kreuzung vorglühend
Zieht die Wagenschar zu Kohl, Tanz und Seitensprung.

Paul Plagge

Gegenstände

Die singende Muschel

Als Kind sang eine Muschel
mir das Meer.
Ich konnte träumelang
an ihrem Munde lauschen.
Und meine Sehnsucht wuchs
und blühte schwer,
und stellte Wünsche und Gestalten
in das ferne Rauschen.

Francisca Stoecklin (1884-1931)

Die afrikanische Maske

Mit vierzehn bekam ich vom Vater
die Maske aus Afrika.
Ich lag stundenlang
das kühle Holz auf meiner weichen Haut
und hörte laute Trommeln
in schwüler Tropen Nacht.
Und sah junge Krieger tanzen
mit Sperren um ein Feuer
zu ihrer ersten Jagd.

Paul Plagge

Der Regenschirm

Und aus der Mitte eines Stockes
ist neuer Himmel aufgeklappt.
Unter dem Schwarz des Priesterrockes
spannt sich ein dürrer Silberabt.

Ein Pilz mit Schwimmhaut. Und die Gotik
seines Gewölbes bläst sich auf.
Palmengerippe. Mit Exotik.
An einem kleinen Plastikknauf.

Alexander Nitzberg (geboren 1969)

Der Einkaufswagen

Nur Rauminhalt, bereit zu fassen,
Produkte preiswert links und rechts,
so rollt er durch die bunten Gassen,
ein kalter Korb aus Stahlgeflecht.

Mit Waren-Werten nun beladen
wird an der Kasse angestellt
und nun der Wa(h)re Zweck verraten,
der Tausch von Ware gegen Geld.

Paul Plagge

Reflexionen

Verwandlung

ich wandle unter meinen händen
den tisch den teller und das brot
bis sie sich mit entgegenwenden
und sich verwandeln in den tod

ich danke allen starken dingen
mein herz ging strahlend in sie ein
es ging als wucht sie zu bezwingen
und kam als weisheit sie zu sein

schnee fällt in meinen mantelkragen
und steigt aus meinem atemhauch
kommt wie ein kleid von stein zu tragen
und geht ins dunkel wie ein rauch

Christa Reinig (geb. 1926 – 2008)

Durchdringung

es wandelt sich durch keine wunden
wasser zu wein, noch stein zu brot
ich habe nichts euch zu bekunden
noch überwinde ich den tod

glaubt nur nicht an das ew'ge leben
gerechtigkeit soll werden hier
einander selbst müsst ihr vergeben
denn macht zu handeln habt nur ihr

doch seht ihr mich in allem schönen
das leben selbst ist wunderbar
in jedem kuss könnt ihr mir frönen
denn nur als liebe bin ich wahr

Paul Plagge

Alter Blick

Ich habe mich gewöhnt an dieses Fenster
und dass der Schnee durch meine Augen fällt,
aber wer ist den Verlorenen nachgegangen
durch das offene Gartentor,
wer besiegelte, was da war,
die Regentonne
und den Mond als Mond
alle gefrorenen Gräser?
Wer schaukelte vor dem Morgen,
dass die Stricke krachten,
wer legt die Wachshand
auf das Küchenfenster,
ließ sich im Weißen nieder
und nahm mich selber auf?

Ilse Aichinger (geboren 1921)

Neuer Blick

Ich blicke erstaunt durch dieses Fenster,
dass die Häuser und die Straße noch die gleichen sind,
aber wer hilft mir mich zu erinnern
an uns und unsere Spiele,
wer löschte, was da war,
der knorrige Apfelbaum
und des alten Nachbarn
verworrene Geschichten?
Wer schlachtete das Kaninchen
und das warme Gefühl,
wer legte diesen Schatten
auf meine Seele
und gibt mich mir
nicht mehr zurück?

Paul Plagge

Getrost das Leben schreitet
zum ew'gen Leben hin,
von innrer Glut geweitet
verklärt sich unser Sinn.
Die Sternwelt wird zerfließen
zum goldnen Lebenswein,
wir werden sie genießen
und lichte Sterne sein.

Die Lieb' ist freigegeben,
und keine Trennung mehr.
Es wogt das volle Leben
wie ein unendlich Meer.
Nur *eine* Nacht der Wonne –
ein ewiges Gedicht –
und unser aller Sonne
ist Gottes Angesicht.

Friedrich von Hardenberg,
alias Novalis (1772 - 1801)

Utopia ist vergangen
der großen Denker Traum,
die von der Comune sangen
und von dem Freiheitsbaum.
Verlacht, verhöhnt, vergessen
ist nun das große Lied,
der Mut den wir besessen,
ist endgültig versiegt.

Uns rettet kein höh'res Wesen,
kein Leben nach dem Tod.
Nicht Einkehr wird uns erlösen
und auch nicht blinde Wut.
Nur unser kurzes Leben,
das Gute, das wir bau'n,
die Netze, die wir weben,
gibt Hoffnung unser'm Traum.

Paul Plagge

Was tust du

Da kommt die Zeit als Wind in deine Nähe
berührt dich sanft und schlägt dich doch
mit seiner Härte
erwartet in kurzer Zeit
Antwort auf viele Fragen
was du morgen getan hast ohne gestern zu wissen
was du heute tust
denn so viel Zeit ist nicht angekommen
als sie dich verließ
bald so
als wäre sie nie dagewesen

Zehra Cirak (geboren 1961)

Blick zurück

Jahrelang bist du nur vorwärts geschritten
die Augen auf immer neue Ziele gerichtet
kein Blick zurück
Freunde und Bekannte kamen und gingen
und von manchem
wusstest du selbst den Namen nicht mehr –
Doch dann eines Tages
wirst du plötzlich sentimental
wühlst in alten Fotos
und Erinnerungen an alte Freunde
und hoffst sie wiederzufinden
die verlorene Zeit

Paul Plagge

Rondeau Allemagne

Ich harre aus im Land und geh, ihm fremd,
Mit einer Liebe, die mich über Grenzen treibt,
Zwischen den Himmeln. Sehe jeder, wo er bleibt;
Ich harre aus im Land und geh ihm fremd.

Mit einer Liebe, die mich über Grenzen treibt,
Will ich die Übereinkünfte verletzen
Und lachen, reiß ich mir das Herz in Fetzen
Mit jener Liebe, die mich über Grenzen treibt.

Zwischen den Himmeln sehe jeder, wo er bleibt:
Ein blutig Lappen wird gehisst, das Luftschiff fällt.
Kein Land in Sicht; vielleicht ein Seil, das hält
Zwischen den Himmeln. Sehe jeder, wo er bleibt.

Barbara Köhler (geboren 1959)

Heimatlied

Ich bin hier geboren, Deutschland ist meine Heimat,
Und lebe hier nicht schlecht, so wie ich jetzt lebe,
Doch viele Menschen hier leben in der Schwebe.
Ich bin hier geboren, Deutschland ist meine Heimat.

Du lebst hier in Deutschland und nicht anderswo.
Meine Frau sieht aus wie 'ne Thai und ist aus Peru,
Uns're Söhne seh'n wie Italiener aus. Sag nichts dazu!
Du lebst hier in Deutschland und nicht anderswo.

Denn wenn dir hier was nicht passt in diesem Land,
So reiß halt das Maul auf und sag es wirklich laut
und sieh zu, dass dir keiner auf die Finger haut.
Denn wenn dir hier was nicht passt in diesem Land,

Hier ließe sich's gut leben:
                        Nur leben und leben lassen,
Das fällt manchen Leuten hier leider schwer.
Darum, die ihr hier lebt, hört alle mal gut her:
Hier ließe sich's gut leben.
                        Nur: leben und leben lassen.

Paul Plagge

Potsdamer Platz

Um und um wird die Erde gewühlt für die Hauptstadt *in spe*.
Der nächtlichen Menschenleere gehn Raupen vorweg.
Germania im Bunker, auf preußischem Kanapee,
Von Baggern im Schlaf gestört, wälzt die Hüften im Dreck.

Downtown Berlin hilft der Diva den Gürtel zu lösen.
Und schmachtend macht sie, Walküre, die Schenkel breit.
Das Gehirn, in den hellsten Momenten, den bitterbösen,
Wittert etwas, das nach Zerstörung schreit.

Durs Grünbein (geb. 1962)

Havelchaussee

Hand in Hand radeln wir entlang die Havelchaussee,
Durchs Blätterdach fällt in Farben das Sonnenlicht,
Mit Badesachen und Picknickkorb hin zum Wannsee.
Sprenkel huschen sommerleicht über dein Gesicht.

Und die Havel ein Gefunkel und die Seele hüpft vor Glück
Kinderlachen, Segelboote und die Haare frei im Wind.
Und ich will es allen zeigen, die Hormone spieln verrückt,
Dass du meine, dass wir beide zwei Verliebte sind.

Paul Plagge (für Frauke)

Venedig II

Venedig sehen
und leben
um Venedig wiederzusehn

Zahllose Brücken
über enge Kanäle

Das Wunder:
St. Markus-Platz im Taubenschaum
Diese Dome
Kranz der Paläste
Stimmen aus Glocken

Sie wecken dich
aus dem Traum
dies sei ein Märchen

Träum weiter
das Märchen Venedig

Rose Ausländer (1901 – 1988)

London Sommer 2011

London wiedersehen
mit meinen Söhnen
continental breakfast
Oxford-Hotel Paddington
eilen und schlängeln
durch lange Röhren
im Underground

sightseeing
majestätischer Prunk
im London Tower
geraubte Kunstschätze
im British Museum
imperialer Stolz
in der St Paul's Cathedral

und ein erhabener Ausblick
von der hohen Kuppel
über die Skyline
der Finanzmetropole
an der Themse

flanieren im Kensington Garden
und im Regents Park
grüne Oasen
in einer geschäftigen Stadt

der verregnete Sommer
überrascht mit ein
paar heißen Tagen

Kaum zurück
brennen die Vorstädte

Paul Plagge

Sair – Der Poet

Ich bin es
     Ich
Ich bin es
     der Mensch Ich

Der gesehen barfüßige Kinder
                   Anatoliens
   gehört von schreienden
            Kindermägen Indiens
Der gefühlt mit bettelnden Kindern
                   Afrikas
   geweint
       gestorben mit Kindern
            Lateinamerikas
Ich bin es
     Ich
Ich bin es
   das Kind Ich
Das Herz gläubig
die Hände umstürzlerisch poetisch

Ich bin es
     Ich
weder redender Politiker
noch schweigender Geschichtslehrer

Ich bin es
     Ich
       der Sohn des
           Bergarbeiters Kadir

Levent Aktoprak (geboren 1959)

Der Riese im Berg

Wer bin ich,
    wer?

Bin ich ein poetischer Eremit,
    der die Menschen meidend
        sich nicht aus seiner Höhle traut?

Wer bin ich,
    wer?

Bin ich ein lyrischer Don Quixote,
    der mit fehlerhaften Versen gegen
        seine eigenen Hirngespinste ankämpft?

Wer bin ich,
    wer?

Ich bin der Riese im Berg,
    der seine Größe nicht wissend
        fürchtet als Zwerg verlacht zu werden

und darum
    unbemerkt
        in unendlicher
            Langsamkeit
                Poem nach Poem
                    aus dem Gestein
                        geduldig meißelt.

Paul Plagge

was auch immer geschieht

spätestens februar tägliches blättern
im orchideenkalender
in den sternen
steht nichts außer wann
kassiopeia stellt lauter
unzulässige fragen man kann
darauf weder nein noch ja sagen nur
o großes We! und die venusschuhe
sind noch nicht abgelaufen wer
fügt sie mir an die füße wer will
der erste sein
dem ich entschlüpfe
(verblühen ist eine lüge verglühen
auch)

Judith Zander (geboren 1980)

was doch nicht geschieht

spätestens jetzt denn es ist niemals zu spät
sollte man sich andere fragen stellen
sich andere antworten geben als
jetzt noch nicht vielleicht später
kurzum noch mal
von vorne anfangen
nur dazu bräuchte es mut
hinter sich die brücken abzubrechen
alte freunde vor den kopf zu stoßen
sich von lieben gewohnheiten
zu trennen wie von altem plunder
doch ich bin noch nicht so weit
(ehrlich zu sich selbst zu sein ist mitunter
auch nur eine lüge)

Paul Plagge

am Abend

I

& dann das Bleiben hinter Fensterzeilen
als habe man nie unten auf der Straße
im Wind gestanden der Nacken
Mitte eines Sturms

II

schreiben auf hellen
Seiten am Abend schlagen
die Zweige ins Fenster & streifen
am Glas vorbei

Katharina Schultens (geboren 1980)

am Morgen

I

& dann das letzte Bier in der letzten Bar
als stelle sich nach so viel Alkohol
auf einmal wieder Ordnung ein
fraktale Geometrie

II

auf der heimfahrt schaukelt
der Kopf an der Scheibe
& ich schreibe deinen Namen
in den Tau

Paul Plagge

Abend
für G.

Pappeln im Kopfstand und Pferde wälzen sich
Eh die Sonne geht zeigt sie sich in den Weingläsern uns
Da springt die Stille aus dem Gras und bleibt still
Wenn weithin Lastwagen rauschen und Schiffe überholen
Motoren sich bäumen unter chromatischen Wolken

Das steinefressende Gras wird lichter und schwarz
In welche friedliche Ecke sind wir geraten wir
Und keine Spur von Verachtung zwischen uns
Auf diesem Fleck gemieteten Niemandsland nur leichter
Wind und keine Grausamkeiten in der näheren Luft

Friedrich Christian Delius (geb. 1943)

Viñales

Palmen vor der Veranda und der Rum glänzt golden
im Glas die Sonne sinkt hinter die mogotes und doppelrot
erstrahlt die Erde des Tals Jose sattelt die Pferde ab
und reibt die schweißzitternden Tiere sorgfältig trocken
bevor er sie in den Stall hinter dem Haus führt

Von Zeit zu Zeit künden Lichtkegel am Horizont
das Nahen eines camions an der langsam die Kurven
der Straße entlang kriecht um dann hupend und winkend
an uns und unseren Schaukelstühlen vorbeizubrausen
während über uns langsam die Sterne erscheinen

Paul Plagge

Formal nicht zu fassen

Kunst als Experiment?
Innerhalb des Gedichts?
Aber immer zu Diensten Mijnheer.
Theoretisch trennt uns da nämlich nichts,
nur wer die Praxis kennt,
unheimlich schwer.

Beispielsweise noch einmal gebunden / gereimt
aber während du schreibst,
klingeln schon güldene Kettlein –
Selbst wenn du's noch so abgefeimt
auf die Spitze treibst,
ist irgendwann Deadline.

Also raus aus den Fesseln und unverklemmt
das Ruder rumgeworfen:
frei von der Seele gequasselt _
Bis du auf einmal mitkriegst, da stehst du im Hemd,
anders gesagt, im Amorphen,
wenn das Kettenwams herunterrasselt.

Oh, Fragen auf Fragen getürmt,
und insofern nichts was uns trennt,
doch formal überhaupt nicht zu fassen.
Kunst als Experiment?
Freund, wenn das Leben als solches
dich direkt bestürmt, berennt,
kann das wort sich nur mitreißen lassen.

Peter Rühmkorf (1929 – 2008)

Lyrische Kollage
(eine Hommage an die körperliche Liebe)

IN dem begin ho vber sin
ist ie daz wort o richer hort!
ACh arme welt, du trügest mich,
jo, daz bekenn ich eygentlich:
Du bist min, ih bin din,
des solt du gewis sin.

Thut mir in meinem hertzen wehe
das ich nicht mehr der blümlein brach!
Tot furtum faciunt mihi puellae
Queis nulli mea tela sunt timori.[1]
Beut mir her deinen rohten Mund,
ein küß gib mir auß hertzen grund.

Als sie vom Mond' umschimmert lag
Heil mir! Da ward es voller Tag:
O seht den Busen steigen, fallen,
Und Blendung in die Augen wallen!
Du, *Liebe*, hilf den süßen Zauber lösen,
Womit Natur in meinem Innern wühlet!

Auch fand ich das Dichten sei keine Kunst
An Mädchenbrüsten im Mondschein;
Schwach ist mein atem
                rufend dem traume
Hold sind die hände
                fiebernd der mund ..
nur nicht aufhören darf man,
nicht solange noch die guten Jugendsäfte fließen.

Paul Plagge

---

[1] *So häufig machen mir die Mädchen Streiche, die meinen Speer überhaupt nicht fürchten.*
Zu den Autoren der Verse siehe die Anmerkungen auf Seite 245.

Rätselhaftes

Versanden

Heimgekehrt in die Wüste
weiß ich, wo ich gelebt habe
vor langer Zeit vor langer Zeit
                im Mond
als die Flüsse noch flossen
unter meinen Betten
die Ströme die Treppen hinab
da sei schon mancher
mancher über die Klinge gesprungen
da habe sich plötzlich
plötzlich im leeren Sack
ein Messer gefunden
als die Stimmen sich erhoben
in den Schränken und Telefonen
                ungefragt
bin ich heimgekehrt. Das Brot
wölbt seine Kanten mir entgegen.
                wer teilt
mit wem teil ich den Mangel
die Unkenntnis? Krumen fallen
vom dürren Laib.

Ursula Krechel (geboren 1947)

Gestrandet

Gestrandet in der Heimat
ich weiß, dass woanders
ein anderes Leben, damals, ich war
                     auf Cuba
jung und abenteuerlustig, Tanz
eng an eng, schnelle Salza- Rhythmen
in warmer Tropennacht,
möglich, eine Teil deiner Seele
bleibt für immer dort, Yoandri
küssen mit Rumgeschmack,
gewesen wäre. Dieses Jahr
zählt für ein ganzes Leben.
Du lügst dir in die Taschen, asere:
Vergiss nicht die balseros,
                     die jineteras,
morgens Schlangestehen
für zwei Brötchen auf die libretta,
socialismo o muerte!
                     Wohin geht
wo ist mein Weg die Straße?
Es gibt keinen Weg zurück. Ich habe
keine Brotkrumen fallen gelassen.

Paul Plagge

Unschlaflied

Ich liege mit deinen Träumen
Märchen mit Wildkatzenaugen
Jede Nacht
Türkisblau Staunen
Steint
Silberne Panther fressen mein Herz
Vögel wachsen
Rosen zwitschern
Sternschaum an goldenen Kugeln tropft
Ich liege mit deinen Träumen
Jede Nacht
Sterb ich nach dir

Claire Goll (1901 – 1977)

Nosferatu

Ich sehe dich in meinen Träumen
Weiße Unschuld zwischen Blumen
Unsterbliche
Purpurrot Lippen
Blüten
Auf dem Kopfkissen dein schwarzes Haar
Bilder verschwimmen
Erinnerungen schmerzen
Mädchen mit durchschimmernder Haut
Ich sehe dich in meinen Träumen
Unsterbliche
Liebe bis in den Tod

Paul Plagge

Der südliche Herbst

Und so will, was ich werde;
Immer größer grüßt der Mond.
Palmenbaum und dunkle Erde
Werden zarter sich gewohnt.

Silbersee zieht ohne Barke
Stromgleich durch verlaßnes Laub.
Und des Winzers goldne Harke
Sank beseligt in den Staub.

Daß sich Brust an Brüsten dehne!
Gib den Winden ihren Lauf!
Einer Flöte Kantilene
Spielt zum Tanz der Motten auf.

Rote Rose, Winter witternd,
Kranke Frau im weißen Thron –
Heute starb, ich ahn es zitternd,
Meiner Küsse schönster Sohn.

Alfred Henschke, alias Klabund (1891 – 1929)

Danza macabre

Und der Tod, der rief die Seinen
mit der Trommel dumpfen Klang,
aus den Gräbern die Gebeine
folgten ihm die Straße lang.

Auf zum Tanze, und es tanzen
Totenschädel, alte Knochen,
ein Soldat mit seinem Ranzen,
seine Augen war'n zerstochen.

Traurig wild die Violine
spielt ein Mädchen mit rotem Haar,
Kohlenaugen, verzückter Miene,
das daeinst im Brautkleid starb.

So der Zug zog durch die Straßen,
malte Kreuze an die Tür'n,
und die in den Häusern saßen,
ließen wehrlos fort sich führ'n.

Paul Plagge

brüderchen & schwesterchen

in den zeiten
vor dem jäger

war dein rücken
mein einziges lager

jeden durst vergab
dir mein mund

solang du
nur bliebst

ach brüderchen
wüstes tier

was ist gegen die quellen
mein murmeln

kommt das horngetrümmer
den wald entlang

trägst du
dein stummes fell

dem jäger voran

Uljana Wolf (geboren 1979)

grimmige märchen

„Köpf' alle runter,
nur meiner nicht!"

eine treulose königin im schloss
auf dem goldenen berg sowie

zauberstiefel mantel und ein schwert
das alle köpfe rollen lässt

ein königssohn der einen apfel
vom baum des lebens pflückt

und ein riese der ihm zum dank
grausam die augen aussticht

ein jud der zur fiedel sich blutig
tanzen muss im dornenbusch

und als dieb zur gerechten strafe
am galgen hingerichtet wird

muhme erzähl uns noch mehr
so schaurige geschichten

für heute ist's genug kinder
ich mag nicht mehr

nun geht mit gottes segen

Paul Plagge

Politisches

Lustgarten

jetzt ist es soweit
seid frei nicht *seid bereit*
jetzt dient nicht das geld zum leben
sondern umgekehrt eben
das heißt ich kann aktien kaufen
und bis honolulu laufen
die kapitalkurse schwanken
wenn krieg ist bluten die banken
das dasein hat offene fronten
der papst ist der hirte der konten
gorbi gysi keine chance
honni *soit qui mal y pense*
jetzt macht der ochs geschäfte
der wechs führt ihm die hefte
sozialismus heiliges kindel
starb in der windel
ach wenn es geworden wäre
schalck und schimäre
jede nullachtfuffzehnte fresse
ministriert bei der schwarzen messe
nieder geht nicht die klasse
sondern die menschliche rasse
bald ist es soweit
immer bereit
jetz bin ich wo ich war
wie mach ich mich jetzt rar

Berlin, 8.9.1991, Gisela Kraft (1936 – 2010)

Irrgarten

jetzt ist es vorbei
mit *die partei die partei*
die hat immer recht
recht unrecht selbstgerecht
ein sozialismus der nicht besteht
ist wert das er zugrunde geht
doch halt war da was
war da nicht noch irgendwas
außer bröckelnden fassaden
funktionären glatt wie maden
leninbüsten roten fahnen
großen bannern die ermahnen
hinter dem brimborium
liegt da nicht noch etwas rum
winzig klein und falsch vermessen
und am ende fast vergessen
eine idee klug und charmant
die früher viele freunde fand
dass die menschen eben
nicht für geld und arbeit leben
sondern für sich und ihresgleichen
keine armen keine reichen
sondern lieben tanzen feste feiern
untern freunden nicht unter geiern

der letzte bitte
mache nicht das licht aus
sondern hole mir die verletzte
aus den trümmern
ich brauche sie

Paul Plagge

Die Mauer

Als wir sie schleiften, ahnten wir nicht,
wie hoch sie ist
in uns

Wir hatten uns gewöhnt
an ihren horizont

Und an die windstille

In ihrem schatten warfen
alle keinen schatten

Nun stehen wir entblößt
jeder entschuldigung

Reiner Kunze (geboren 1933)

**Zum Gedenken an Amadeu Antonio Kiowa
totgeschlagen am 24. November 1990**

Und als die Mauer fiel,
da brach der Jubel los,
und die Ewig-Gestrigen träumten sich
Deutschland wieder groß.

Wollten reinemachen gleich
in dem neuen deutschen Haus:
Deutschland den Deutschen.
Und: Ausländer raus!

Und überall, wo die Fremden wohnten,
entzündeten die Nazis so manches Heim.
Oder schlugen sie nachts auf der Straße
mit Baseballschlägern tot und klein.

Und die bitt're Erkenntnis aus der bösen Geschicht':
Die Mauer trug ihren verlogenen Namen
„Antifaschistischer Schutzwall"
so ganz zu Unrecht nicht.

Paul Plagge

Die Mäuler auf!

Heilgebrüll und völksche Heilung,
schnittig, zackig, forsch und päng!
Staffelführer, Sturmabteilung,
Blechkapellen, schnädderädäng!
    Judenfresser, Straßenmeute ...
    Kleine Leute. Kleine Leute.

Arme Luder brülln sich heiser,
tausend Hände fuchteln wild.
Hitler als der selige Kaiser,
wie ein schlechtes Abziehbild.
    Jedes dicken Schlagworts Beute:
    Kleine Leute! Kleine Leute!

Tun sich mit dem teutschen Land dick,
grunzen wie das liebe Vieh.
Allerbilligste Romantik –
hinten zahlt die Industrie.
    Hinten zahlt die Landwirtschaft.
    Toben sie auch fieberhaft:
    Sind doch schlechte deutsche Barden,
    bunte Unternehmergarden!
    Bleiben gestern, morgen, heute
    kleine Leute! kleine Leute!

Kurt Tucholsky (1890 – 1935)

Kaufen, kaufen über alles!

Neues Auto, teure Kleidung
und die Haare frisch frisiert;
Haus mit Garten und zwei Kinder,
schön, erfolgreich, inszeniert:
    Deutsche Bürger hier und heute,
    meine Leute, kleine Leute.

Und sie schimpfen auf die Oben,
dass die Steuern viel zu hoch,
dass all' *ihr* Geld verschwendet würde
durch Europas Banker noch!
    Wählen darum CDU
    (*nächstes Mal dann SPD*),
    meine Leute, kleine Leute.

Und sie wollen nicht die Unten
mit am Tische sitzen seh'n;
wollen nicht, dass ihre Töchter
mit den Türkenjungen geh'n.
    (*woll'n die zum Glück selber nicht!*)
    Sollen lieber konsumieren,
    Geld verdienen und studieren,
    shoppen, Fitness und verreisen
    und die Marktwirtschaft stets preisen!
    Bleiben gestern, morgen, heute
    meine Leute, kleine Leute!

Paul Plagge

Für einen übertreibenden Deutschthümler

Deutscher, sei deutscher, als deutsch, dann dringet die
                               wahre Verdeutschung
Dir in das deutsche Geblüt, bleibend mit deutschem
                               Bestand.
Dann läßt durch deutsche Befeindung du nimmer dich feige
                               entdeutschen,
Sinkest dann ganzlich durchdeutscht, einst in's germanische
                               Grab.

Kathinka Zitz-Halein (1801-1877)

Sarrazinesisch - Übersetzungsübung in Leichte Sprache

Deutschland schafft's nicht mehr, weil die Deutschen keine Kinder schaffen.
Das schaffen nur die Türken. Die aber schaffen nicht die Schule.
Das müssten sie aber schaffen, damit Deutschland es wieder schafft.
Darum: Kopftücher abschaffen und Sozialhilfe für Ausländer auch abschaffen!
Geschafft!

Paul Plagge

Das Hungerlied

Verehrter Herr und König,
Kennst du die schlimme Geschicht?
Am Montag aßen wir wenig,
Und am Dienstag aßen wir nicht.

Und am Mittwoch mussten wir darben
Und am Donnerstag litten wir Not;
Und ach, am Freitag starben
Wir fast den Hungertod!

Drum lass am Samstag backen
Das Brot fein säuberlich –
Sonst werden wir Sonntags packen
Und fressen, o König, dich!

Georg Weerth (1822 – 1856)

Das große Fressen
(oder auch: der Berlusconi-Song)

Ich predige Wasser und Moral
Und saufe selbst den besten Wein,
Nennt mich korrupt und asozial,
Ich bin ein Ehrenmann, es zählt der Schein.

Wer ist schon frei von Sünden?
Ihr Kameras gebt gut Acht.
Nur eines will ich euch verkünden:
Ich hab' Erfolg. Ich bin die Macht.

Und geht's doch einmal schief
Wie in jener Party- Nacht,
Weil die Hur' zu jung mit der ich schlief:
Was schert es mich? Ich bin die Macht.

Paul Plagge

Über einige Davongekommene

Als der Mensch
unter den Trümmern
seines
bombardierten Hauses
hervorgezogen wurde,
schüttelte er sich und sagte:
Nie wieder.

Jedenfalls nicht gleich.

Günter Kunert (geboren 1929)

Fukushima

Als die Technik
nur noch Trümmer
geflutet
die Arbeiter verstrahlt
das Meer verseucht
da sagten die Menschen
im fernen Deutschland:
Nicht mehr.

Und einige Atomkraftwerke
wurden abgeschaltet –
vorübergehend.

Paul Plagge

Der Quälgeist der Deutschen

Autoreifenaufschlitzen,
Fensterscheibeneinschlagen:
Das ist meine Spezialität,
darin bin ich Experte.

Ich bin der Quälgeist in
deutschen Straßen; ich bin
der nimmermüde, nimmersatte
Rachevogel in allen Gassen.

Erwische ich mal eine Alte
am still-einsamen Orte, dann
ist unsäglich meine Freude,
unbeschreiblich die Lust.

Im aschfahlen Licht blinkt
mein Messer, dröhnt mein Wort:
Keuchend sinkt die Alte in die Knie,
heulend fleht sie mich an.

Im Nu spüre ich Lebensfreude
in mir hochsteigen und
fühle, dass ich als Mensch
immer noch respektiert werde.

Halil Güvenis (geboren 1950)

Die Gespenster der Globalisierung

Modisch immer up to date,
die Figur diätengestrafft,
meine Schönheit Humankapital:
gut verzinzte Investition.

Das Gesicht botaxgeglättet,
die Haltung tadellos aufrecht,
schaue ich von meinen Absätzen
geringschätzig auf euch herab.

Der Einreiher perfekt sitzend,
die Krawatte passend gewählt,
Schuhe und Uhr Statussymbole
meiner monetären Potenz.

Das Lächeln einnehmend freundlich,
der Händedruck energisch kraftvoll,
mein Kinn stets glatt rasiert bezeugen
Disziplin, Erfolg, Geld und Macht

Beneidet, bewundert von vielen
sind wir die uniformen Söldner
des globalen Kapitalismus:
Herrenmenschen noch immer

Paul Plagge

Der Nachgeborene

Ich gestehe es: ich
Habe keine Hoffnung.
Die Blinden reden von einem Ausweg. Ich
Sehe.

Wenn die Irrtümer verbraucht sind
Sitzt als letzter Gesellschafter
Uns das Nichts gegenüber.

Bertold Brecht (1898-1956)

Gesunder Pessimismus

Ich fürchte: Auch ich
Verstehe diese Welt nicht mehr.
Die Mächtigen sprechen kluge Worte. Ich
Zweifle.

Wenn die letzten Gewissheiten zerfallen
Wie einst der Turm zu Babel,
Wird nicht einer den anderen mehr verstehen.

Paul Plagge

Thränen des Vaterlandes anno 1636

Wir sind doch nunmehr gantz,
                ja mehr denn gantz verheeret!
Der frechen Völker Schar,
                die rasende Posaun
Das vom Blutt fette Schwerdt,
                die donnernde Carthaun
Hat aller Schweiß und Fleiß
                und Vorrath auffgezehret.

Die Türme stehn in Glutt,
                die Kirch ist umgekehret.
Das Rathaus ligt im Grauß,
                die Starcken sind zerhaun,
Die Jungfern sind geschänd't,
                und wo wir nur schaun,
Ist Feuer, Pest und Tod,
                der Hertz und Geist durchfähret.

Hir durch die Schantz und Stadt
                rinnt allzeit frisches Blutt.
Dreymal sind schon sechs Jahr,
                als unser Ströme Flutt,
Von Leichen fast verstopfft,
                sich langsam fort gedrungen,

Doch schweig ich noch von dem,
                was ärger als der Tod,
Was grimmer als die Pest
                und Glutt und Hungersnoth,
Dass auch der Seelenschatz
                so vielen abgezwungen.

Andreas Gryphius (1616 – 1664)

Tränen der Erde anno 2005

Die Marktwirtschaft beherrscht
                nunmehr die ganze Erde,
Der ew'ge Götze Geld
                sitzt fest auf seinem Thron,
Regiert die Menschen selbst
                im fernen China schon,
Auf dass das Kapital
                global vermehret werde.

Der furchtbar Janus-Kopf,
                der selbst sich Fortschritt nennet,
Und doch stets produziert
                Reichtum und Armut nur,
Zerstörung, Hunger, Krieg
                auf einer breiten Spur,
Die er sich unbeirrt
                durch die Geschichte brennet.

Die große Industrie,
                die Waren produziert,
So Erdöl, Wasser, Holz,
                Metalle konsumiert,
Die Luftschicht überheizt,
                und Skrupel kennt sie keine,

Dass Meere, Fluss und Wald
               vergiftet und vermüllt.
Für diese Marktwirtschaft
               als Wohltat uns verhüllt
Bräucht es der Erden zehn
               und nicht nur diese eine.

Paul Plagge

Weltkrieg und Shoa

Mein blaues Klavier

Ich habe zu Hause ein blaues Klavier
Und kenne doch keine Note.
Es steht im Dunkel der Kellertür,
Seitdem die Welt verrohte.

Es spielten Sternenhände vier
Die Mondfrau sang im Boote
Nun tanzen die Ratten im Geklirr.

Zerbrochen ist die Klaviatür
Ich beweine die blaue Tote.
Ach liebe Engel öffnet mir
Ich aß vom bitteren Brote
Mir lebend schon die Himmelstür
Auch wider dem Verbote.

Else Lasker- Schüler (1869 – 1945)

Das alte Klavier

Ich fand im Keller ein altes Klavier
Verblichen, zersplissen, von Asche grau.
Ich fragte die Eltern, der Nachbarn vier,
Wem früher gehörte das Piano blau?

Doch keiner wollt antworten mir
Man wisse nicht mehr genau
Was damals geschah im Lande hier.

Nur einer flüsterte: Ich sag es Dir
Mir kannst du ruhig vertraun.
Es habe regiert ein furchtbares Tier
Gespenster kamen im Morgengrauen
Verschwanden gelbe Sterne schier
Erschlagen ward die Mondenfrau.

Paul Plagge

Wenn ich nur wüßte,
Worauf dein letzter Blick ruhte,
War es ein Stein, der schon so viele letzte Blicke
Getrunken hatte, bis sie in Blindheit
Auf den Blinden fielen?

Oder war es Erde,
Genug, um einen Schuh zu füllen,
Und schon schwarz geworden
Von soviel Abschied
Und von soviel Tod bereiten?

Oder war es dein letzter Weg,
Der dir das Lebewohl von allen Wegen brachte
Die du gegangen warst?

Eine Wasserlache, ein Stück spiegelndes Metall,
Vielleicht die Gürtelschnalle eines Feindes,
Oder irgend ein anderer, kleiner Wahrsager
Des Himmels?

Oder sandte dir diese Erde,
Die keinen ungeliebt von hinnen gehen läßt
Ein Vogelzeichen durch die Luft,
Erinnernd deine Seele, daß sie zuckte
In ihrem qualverbrannten Leib?

Nelly Sachs (1891 – 1970)

das blutende Wort

sie die durchstochene todentrissene
stimmlose Seherin des Volkes Israel
suchend nach Worten
für das unfassbare
den Tod des Bräutigams
das millionenfache Grab in den Lüften
kehrt zurück ins Land der Messer
weiterblutend

sie die angstwunde überlebende
mit erstickendem Atem
stimmt sie ein in den Klagegesang
der geretteten
damit wir die weiter- und nachlebenden
nicht vergessen, nie vergessen
die Martern, die Scheiterhaufen,
das schwarze Salz

sie die vereinsamte vertriebene
in ihrer kleinen Wohnung in Stockholm
träumend von einem Vogel
als Zeichen
des verlorenen Geliebten
hoffend auf die Gnade der Auferstehung
für die verbrannten Seelen
den Friedenskuss

Paul Plagge

Der Rückzug

Ich sah des Krieges Ruhm.
Als wärs des Todes Säbelkorb,
durchklirrt von Schnee, am Straßenrand
lag eines Pferds Gerippe.
Nur eine Krähe scharrte dort im Schnee nach Aas,
wo Wind die Knochen nagte, Rost das Eisen fraß.

Peter Huchel (1903 – 1981)

Fern(seh)krieg

Wir sahen den Krieg als Video-Spiel:
Auf einem Bildschirm eine Luftaufnahme von Bagdad;
ein Militär zeigt mit dem Stock
auf ein einzelnes Gebäude.
Die Rakete ein kleiner Punkt fliegt lasergesteuert
präzise ins Ziel.
Später die Nachricht: Eine Bombe der Alliierten sei
in einen zivilen Luftschutzbunker eingeschlagen –
über 300 Tote.

Paul Plagge

Bleibtreu heißt die Straße

Vor fast vierzig Jahren wohnte ich hier.
... Zupft mich was am Ärmel, wenn ich
So für mich hin den Kurfürstendamm entlang
Schlendere – heißt wohl das Wort.
Und nichts zu suchen, das war mein Sinn.
Und immer wieder das Gezupfe.
Sei doch vernünftig sage ich ihr.
Vierzig Jahre. Ich bin es nicht mehr.
Vierzig Jahre. Wie oft haben meine Zellen
sich erneuert inzwischen
In der Fremde, im Exil.
New York, Ninety–Sixth Street and Central Park,
Minetta Street in Greenwich Village.
Und Zürich und Hollywood. Und dann noch Jerusalem.
Was willst du von mir, Bleibtreu?
Ja, ich weiß. Ich vergaß nichts.
Hier war mein Glück zu Hause. Und meine Not.
Hier kam mein Kind zur Welt. Und musste fort.
Hier besuchten mich meine Freunde
Und die Gestapo.
Nachts hörte man die Stadtbahnzüge
Und das Horst-Wessel-Lied aus der Kneipe nebenan.
Was blieb davon?
Die rosa Petunien auf dem Balkon.
Der kleine Schreibwarenladen.
Und eine alte Wunde, unvernarbt.

Mascha Kalèko (1907 – 1975)

Ist noch nicht so lange her

Ist noch nicht so lange her,
Dass sie die Dichter aus dem Lande jagten
Und ihre Bücher Unter den Linden verbrannten.
Die Kalèko könnte meine Oma sein;
Aber mein Opa kämpfte in Stalingrad
Verzweifelt tapfer um sein Leben
Für die anderen, die Bücherverbrenner, die Schlächter.
Ist noch nicht so lange her.
Nie wieder Faschismus, nie wieder Krieg!
Nichts vergessen, nichts vergeben.
Mahnende Worte.
Doch die letzten Überlebenden
Wie auch die letzten Täter sterben aus.
Und die Welt hat nichts dazu gelernt.
Ist schon ziemlich lange her.
Neue Generationen wachsen heran, die diese Zeit
Nur aus alten schwarz-weiß Aufnahmen kennen,
Für die das Grauen der Konzentrationslager
Wie die Gräuel des 30-jährigen Krieges
Nur Geschichte, persönlich nicht bedeutsam sind,
Die über Hitler als Slapstick-Gag der Comedy lachen.
Die unbeschwert leben, lieben und feiern wollen.
Wie auch die junge Mascha, die junge Gertrud
Und die junge Emily lebensfroh tanzen wollten
Damals davor.

Paul Plagge

Holunderblüte

Es kommt
Babel, Isaak.
Er sagt: Bei dem Pogrom,
als ich Kind war, meiner Taube
riß man den Kopf ab.

Häuser in hölzerner Straße,
mit Zäunen, darüber Holunder.
Weiß gescheuert die Schwelle,
die kleine Treppe hinab –
Damals, weißt du,
die Blutspur.

Leute, ihr redet: Vergessen –
Es kommen die jungen Menschen,
ihr Lachen wie Büsche Holunders.
Leute, es möchte der Holunder
sterben
an eurer Vergeßlichkeit.

Johannes Bobrowski (1917 – 1965)

Straßenbahngespräch

Es kommt
mein älterer Sohn
nach Hause: Papa, heute
in der Straßenbahn, da waren
ein paar Jugendliche, Deutsche,

Die unterhielten sich darüber,
was sie nun wählen könnten.
Wählt doch NPD, sagt die eine,
Die sind gegen Ausländer,
ich meine, Ausländer raus und so,
also ich bin 100 % dafür.

Mein Sohn empört: Ich glaub's nicht!
Wie kann man nur so blöd sein
und die Nazis wählen!
Ich antworte nicht und
denke an Brecht:
Der Schoß ist fruchtbar noch...

Paul Plagge

Trauer und Tod

An die Parzen

Nur einen Sommer gönnt, ihr Gewaltigen!
Und einen Herbst zu reifem Gesange mir,
    Daß williger mein Herz, vom süßen
      Spiele gesättigt, dann mir sterbe.

Die Seele, der im Leben ihr göttliches Recht
Nicht ward, sie ruht auch drunten im Orkus nicht;
    Doch ist mir einst das Heilge, das am
      Herzen mir liegt, das Gedicht, gelungen,

Willkommen dann, o Stille der Schattenwelt!
Zufrieden bin ich, wenn auch mein Saitenspiel
    Mich nicht hinab geleitet; Einmal
      Lebt ich, wie Götter, und mehr bedarfs nicht.

Friedrich Hölderlin (1770 – 1843)

In memoriam Gordon Z.

Nun ist der Kelch gänzlich geleert, mein Gordon,
Den du in vollen Zügen mit mir geteilt,
Wohlwissend dass auf dieser Erde
Nur wenig Zeit dir noch verblieb!

Die langen Tage am Meer unvergessen:
Als du auf dem Deich im Rollstuhl sitzend,
Unseren jubelnden Sohne auf dem Schoß,
Mit ruhiger Hand den Drachen lenktest.

Und auch, Liebster, wenn auf dich kein Gott wartet,
So ruht deine Seele für immer in uns,
Denn wer sein Glück in andere Herzen pflanzt,
Der lebt, als Mensch, über den eig'nen Tod hinaus.

Paul Plagge

Appell

1
Geh nicht als ein Erlöschender
Geh nicht als ein Erlöschender
Geh nicht als ein Erlöschender
in das Erlöschen

Brenne
Brenne
Wir sind Fackeln meine Brüder
Wir sind Sterne
Wir sind Brennendes
Steigendes
Oder wir sind nicht
gewesen

2
Ein Körper
wie der unsere
ist nur die Hülle des Ballons
lichtdurchlässig

Hilde Domin (1909 – 2006)

Klage

> Zauberland ist abgebrannt,
> und brennt noch irgendwo ...
>
> Rio Reiser

1
Das Feuer ist erloschen
Das Feuer ist erloschen
Das Feuer ist nicht mehr
Ich bin nicht mehr
ich
brannte
brannte
Ich brannte lichterloh
Doch jetzt ist's kalt
leer und dunkel
Und ich suche
suche wo ich jetzt
mich wärmen kann

2
Ein Körper
wie der unsere
braucht einen zweiten
um zu bestehen

Paul Plagge

Sterben

Dein Weg ohne mich.
Unwägbar
die Stränge der Welt, die
dich halten oder entlassen,
Lichtlabyrinthe,
geborstene Kälte.
Farben? Gibt es die auch?

Hinter den Explosionen
unermeßner Pulsare
hör ich dich nicht mehr.
Deine Stimme war schon
verschattet
gestern, als du die Sternschneise
betratest, den Weg
ohne Wiederkehr.

Dagmar Nick (geboren 1926)

Suche

Unendlichkeit.
Vom Rand des Universums,
keine Grenze nirgendwo,
durch leeren Raum
mit Staub fast unsichtbar.

Daraus sich weit verstreut
Sternenhaufen gebildet haben,
darunter die Milchstraße
eine Spiralgalaxie.
In einem Außenarm
die Sonne und die Erde
und irgendwo
da draußen
in dieser Stadt
du.

Paul Plagge

Einfache Gedanken über meinen Tod

Er
wird kommen, weder
mit einem Messer
in der Hand
noch mit
Gebrüll

er wird kommen
wie einer, der zufällig
vorübergeht und nach der Uhrzeit fragt
er wird kommen und seinen Hut lüften

elfter Februar
Neunzehnhundertdreiundsechzig, kurz
nach elf Uhr, der Morgen
ohne besondere
Aussicht, wenig
Licht, das
hereinfällt
in mein Zimmer, Engelbertstraße
vierter Stock

und er wird kommen
er wird den Strom ablesen
und das Gas

er wird
die Tür schließen, höflich
wie jemand, der sich
nicht auskennt
im Leben.

Rolf Dieter Brinkmann (1940 – 1975)

Der Tod und der Dichter

Nichts
kommt so sicher
wie er aber
sei gewiss
er kommt anders
als du denkst

er kommt
und es bedeutet ihm nichts
selbst der Tod
nur eine Farce

dreiundzwanzigster April
Neunzehnhundertfünfundsiebzig, an der
Westbourne Grove, Bayswater London
ein warmer Frühlingstag
der gewohnte Blick nach links
vorm Überqueren der Straße
du wolltest Maleen noch ...
dann das Quietschen von Reifen
Licht aus, schwarz ...

er kam, doch er zog
nicht seinen Hut
wie jemand der höflich
nach der Uhrzeit fragt

er kam
tragisch sagen die einen
so jung die anderen
was bleibt frage ich
nichts als ein paar
Gedichte.

Paul Plagge

Letzte Worte

Geliebte, wenn mein Geist verschieden,
So weint mir keine Träne nach;
Denn, wo ich weile, dort ist Frieden,
dort leuchtet mir ein ew'ger Tag!

Wo aller Erdengram verschwunden,
Soll Euer Bild mir nicht vergehn,
Und Linderung für eure Wunden,
Für euern Schmerz will ich erflehn.

Weht nächtlich seine Seraphsflügel
Der Friede übers Weltenreich,
So denkt nicht mehr an meinen Hügel,
Denn von den Sternen grüß' ich euch!

Elisabeth von Droste-Hülshoff (1845 – 1912)

Erste Worte

In meinem Schoß lange verborgen,
Du meiner süßen Liebe Frucht,
Bist du mir heut' endlich geboren,
Hast dir den Weg ans Licht gesucht!

Verschmiert und mit geschloss'nen Augen
Liegst du erschöpft auf meinem Hemd,
Versuchst an meiner Brust zu saugen
Und bist mir noch ein wenig fremd.

Doch Tochter, seh' ich dich in Träumen
Schon laufen, lachen, toben heut',
So möcht' ich platzen, überschäumen
Vor lauter Liebe, Glück und Freud'!

Paul Plagge

Komisches

Der Lattenzaun

Es war einmal ein Lattenzaun,
mit Zwischenraum, hindurchzuschaun.

Ein Architekt, der dieses sah,
stand eines Abends plötzlich da –

und nahm den Zwischenraum heraus
und baute daraus ein großes Haus.

Der Zaun indessen stand ganz dumm,
mit Latten ohne was herum.

Ein Anblick grässlich und gemein.
Drum zog ihn der Senat auch ein.

Der Architekt jedoch entfloh
nach Afri – od –Ameriko.

Christian Morgenstern (1871 – 1914)

Das Baumhaus

Es lagerten ein paar Latten
als Brennhölzer wohl in Hatten.

Ein paar Jungen sie dort schauten
und die Latten sogleich klauten.

Latte eins fiel auf den Kopf
des Klassenstrebers Jakob Tropf.

Latte zwei, die traf die Zähne
des Neonazis Markus Häme.

Latte drei flog durch ein Fenster.
Tief im Wald sah man Gespenster –

Die bauten aus Latten nicht dumm
ein Baumhaus mit Zwisch- raum herum.

Paul Plagge

Das SCHNABELTIER, das Schnabeltier
vollzieht den Schritt vom Ich zum Wir.
Es spricht nicht mehr nur noch von sich,
es sagt nicht mehr: „Dies Bier will ich!"
Es sagt: „Dies Bier,
das wollen wir!
Wir wollen es, das Schnabeltier!"

Robert Gernhardt (1937 – 2006)

Der ELEFANT, der Elefant,
der hielt's mit Fichte und nicht mit Kant:
„Ich meine dieses Ding an sich, das gibt es nicht,
genausowenig wie dich und mich!
Ich meine mich gibt's,
doch dich gibt's nicht, und auch nicht Kant.
Es gibt nur mich, den Elefant."

Paul Plagge

Über das Faulenzen
Eine Matrazendichtung

Faulsein kostet reichlich Kraft:
Man liegt da und ist geschafft

Man liegt da und denkt verpennt:
Puuh, ist Faulsein anstrengend

Denn man musste so viel tun:
Schlummern, dösen, und dann ruh'n!

Siesta halten! Oh! Strapaze!
Rasch zurück auf die Matratze

Lecker essen, Lecker trinken.
Wieder in die Kissen sinken.

Schnurrend in der Suhle liegen
Und sich umeinander schmiegen

Um in diesem guten Hafen
Wiederum sich auszuschlafen

Bald singt man in höchstem Ton:
„Regression, ich komme schon!

Welt, du bist aus einem Guss:
Glück ist, wenn man nichts mehr muss!"

Wiglaf Droste (geboren 1961)

Über die Fleißigen
Eine Ischiasschmerz-Dichtung

Meine Nachbarn allesamt
Schaffen täglich allerhand.

Gehweg fegen, Bürgerpflicht,
Blätter dulden wir hier nicht.

Und im Garten alles grad:
Rasenpflege akkurat.

Und am Haus wird handgewerkt,
Gar nichts bleibt hier unbemerkt.

Autos putzen blitzeblank,
Schon das Zuseh'n macht mich krank.

Badezimmer wie geleckt,
Neue Küche schon gescheckt,

Spermüll alle halbe Jahr:
Denn die Möbel sind schon da.

Und wer bei TUI fleißig sucht,
Hat den Urlaub schon gebucht.

Nur der Lehrer, dieser Faule,
Macht nicht mit bei dem Gekraule.

Paul Plagge

Altes Lied

Es war einmal ein Bäcker,
Der prunkte mit seinem Wanst,
Wie du ihn kühner und kecker
Dir schwerlich träumen kannst.

Er hat zum Weibe genommen
Ein würdiges Gegenstück;
Sie konnten beisammen nicht kommen,
Sie waren viel zu dick.

Frank Wedekind (1864 – 1918)

Neues Lied

Und im verflixten siebten Jahr,
Trug man im Sommer nabelfrei,
Tätowierte sie sich – na klar
Ein modisch „Arschgeweih".

Ließ mehrfach piercen sich sogar,
Dazu noch 'ne Intimrasur.
Jetzt ist die Bäckerfrau der Star
Im Swingerclub "Amour".

Paul Plagge

Gedicht in Bi-Sprache

Ibich habibebi dibich,
Lobittebi, sobi liebib.
Habist aubich, dubi mibich
Liebib? Neibin, vebirgibib.

Nabih obidebir febirn,
Gobitt seibi dibir gubit.
Meibin Hebirz habit gebirn
Abin dibir gebirubiht.

Joachim Ringelnatz (1883 – 1934)

Gedicht in To-Sprache

Itoch hatotteto ditoch,
zuto setohr getolietobt.
Datoss duto mitoch nitocht,
itoch nitocht vetorgetob.

Vetorstetockt itom Watold,
Gotott seito mitor gutot,
deiton Leitochnatom katolt
nuton stitoll getorutoht.

Paul Plagge

Zwei und zwei

Zwei und zwei noch mal herum
Ja und ja, und wiederum
tanzt das Lamm und lacht
spät bis in die Nacht.

Zwei und zwei und eins im Sinn.
Ja und nein und her und hin,
denkt die Geiß und zählt
Tage und ihr Geld.

Zwei und Zwei macht vier, das reicht.
Ja heißt ja und nicht vielleicht,
spricht der alte Bock,
meckert fest am Pflock.

Zwei und zwei macht noch nicht satt.
Ja heißt's, wenn ein Lämmchen naht,
knurrt der Wolf und geht
durch das Feld und späht.

Franz Josef Degenhardt (1931 – 2011)

Drei mal drei

Drei mal drei sind neun, Hurrai,
unser Huhn, das legt kein Ei.
Und das liebe Geld
nicht vom Himmel fällt.

Drei mal drei, das macht viel Müh',
unser Hahn, der kräht nicht früh.
Und der Bösewicht
landet vor Gericht.

Drei mal drei, das lass mal sein,
unser Schwein, das isst gern fein.
Fast Food ist nur Fraß.
Arbeit macht nicht Spaß.

Drei mal drei, die Türe zu!
Unsre Kuh macht Wau nicht Muh!
Diese Welt hält nicht,
was sie dir verspricht.

Paul Plagge

Wieso warum?

Warum sind tausend Kilo eine Tonne?
Warum ist dreimal Drei nicht Sieben?
Warum dreht sich die Erde um die Sonne?
Warum heißt Erna Erna statt Yvonne?
Und warum hat das Luder nicht geschrieben?

Warum ist Professoren alles klar?
Warum ist schwarzer Schlips zum Frack verboten?
Warum erfährt man nie, wie alles war?
Warum bleibt Gott grundsätzlich unsichtbar?
Und warum reißen alten Herren Zoten?

Warum darf man sein Geld nicht selber machen?
Warum bringt man sich nicht zuweilen um?
Warum trägt man im Winter Wintersachen?
Warum darf man, wenn jemand stirbt, nicht lachen?
Und warum fragt der Mensch bei jedem Quark: Warum?

Erich Kästner (1899 – 1974)

Frag nicht warum!

Warum will jeder Mann einen schnellen Sportwagen
wenn doch das Klima heute schon verrückt spielt?
Warum will jede Frau mindestens 30 Paar Schuhe,
wenn die Ärmsten der Welt von weniger als
1 $ pro Tag leben?
Warum kaufen und konsumieren wir wie die Blöden,
wenn wir trotzdem nicht glücklicher werden?

Warum muss ich immer länger und mehr arbeiten,
wenn mein Nachbar keine Arbeit mehr hat?
Warum werden die einen wenigen immer reicher,
wenn die anderen vielen immer ärmer werden?
Warum klappt kein Sozialismus nirgendwo,
wenn doch die Marktwirtschaft überall
den Bach runter geht?

Warum stellt denn niemand die richtigen Fragen,
wenn schon keiner die Antworten weiß?
Und wieso interessiert das alles keine Sau?
Die Frauen gehen lieber shoppen,
die Männer gucken Fußball!
Ach egal! Soll die Welt doch perdu gehen!

Paul Plagge

Randnotiz des Lektors: Warum reimt sich das Gedicht nicht?
Und wieso ist es nicht komisch? Stümperhafte Schlamperei!

slam poetry and spoken word

Die Kinder schlafen

Und Bomben fallen um sie herum
Und Terroristen kommen und bedrohen ihre Familien
mit Waffen
Und sie nehmen ab
Und sie nehmen zu
Und der Mond scheint sanft auf ihre kleinen, runden
Nasen
Und ihre Väter, ihre Stiefväter, die Freunde der Brüder,
ihre Mütter kommen ins Zimmer und verschließen die
Türen ganz leise hinter sich, um trotzdem auf Zehenspitzen
an die Betten zu treten
Und sie träumen und sie können fliegen
Und andere Menschen kaufen sie ihren Eltern ab für
einen Schuss oder eine Mahlzeit, für eine Stunde oder bis
ans Ende der Nacht
Und die Kinder schlafen in ihren Betten
Um die herum Bomben fallen und Menschen stehen
Und sie gähnen im Schlaf und ihre Beine zucken und
ihre Lider zucken und ihre Haare verwuscheln und zucker-
süßer Speichel tropft in langen Fäden aus ihren Mündern
Und ihre Windeln füllen sich
Und Häuser werden geschüttelt von Erdbeben und
die lassen die Dächer einstürzen um die Betten und
Kinder herum
Und sie beten, bevor die den Gute-Nacht-Kuss küssen
Und sie sterben, weil das Kissen den Atem herauspresst
Und die Eltern schauen in Zimmer
Beugen sich über die Betten und sie finden
Die Kinder schlafend

Nora Gomringer (geboren 1980)

Flugzeuge fallen

    Es ist September
    und die Sonne scheint warm
    und ich komme früh mittags von der Arbeit
    und höre im Auto Radio
    und höre die Nachricht
ein Flugzeug ist in das World-Trade-Center
in New-York gerast
    Ich komme nach Hause
    und stelle den Wagen unter das Carport
    und die Nachbarin gießt die Blumen
    und begrüßt mich
    und ich sollte den Rasen mähen
als ein zweites Flugzeug in den zweiten Turm rast
    Meine Frau ist nicht zu Hause
    und im fünften Monat schwanger
    und die neue Einbauküche wird diese Woche geliefert
    und ich sitze auf der auberginenfarbenen
    dreiteiligen Ledergarnitur
    und schalte den Fernseher ein
die Twin-Tower stürzen in einer Staubwolke zusammen
irgendwie surreal wie im Hollywoodfilm
    Ich greife zum Telefon
    und rufe einen Freund an
    und während wir noch reden
    und raten, rätseln, spekulieren
fallen weitere Flugzeuge vom Himmel
    Doch es bleibt ein warmer Septembertag
    und noch kennt niemand die Namen
„Al Qaida", „Guantanamo" und „Abu Ghraib"

Paul Plagge

Babylon 2.8

Berlin, Paris, London, Ballermann, Balaton.
Wir leben in Babylon 2.8.
Reden wie im Mythos – verdreifacht geregeltes Mediengerede,
und speisen's in Festplatten, Köpfe und Geräte.
So wie in Babel in der Bibel lieben People die Piepen,
und die, die dienen, verdienen viel weniger, als sie verdienten.

Google mal Babylon! Babel mal Googylon,
Bubblegum, Goodie, Booty, Party on, Babylon!

Während wir Wörter wie Werte verwirren,
werden warenweise Waren vertrieben. Und im Gehirn
platzen Dotcom-Hypotheken-Sprechblasen wie Pustefix.
Komplett Geplättete fragen mich, warum tuste nix.
Propaganda geht runter wie Öl und rauf wie Ölpreise,
nur wer sich selbst umschaut, wird auf seine Weise weise.

Google mal Babylon! Babel mal Googylon,
Bubblegum, Goodie, Booty, Party on, Babylon!

Bubble ma goodylon! Goody ma Babylon,
Berlin, Paris, London, Ballermann, Balaton.

Bas Böttcher (geb. 1974)

Generation zwei-null-elf

Tokio, Shanghai, Seoul, Delhi, Bangkok
wir sind die Generation zwei-null-elf
und wir sind 7.000.000.000
Nokia, Samsung, Blackberry, Motorola, Sony, Ericsson

Sao Paulo, Buenos Aires, Mexico-City, New York
jung, mobil, vernetzt, rufbereit, online, facebooked,
smartphone-geschäftig wie Ameisen:
jeder ist ständig am tippen, searchen, chatten,
jede ein einzigartiges, unverwechselbares
Individuum ihrer Gattung
Nokia, Samsung, Blackberry, Motorola, Sony, Ericsson

Tunis, Kairo, Algier, Tripolis, Damaskus
wir sind die digitale Revolte, basisdemokratisch, kosmopolitisch
ungesteuert wie ein Tsunami, der das Alte wegreißt
und Platz für das Neue schafft, jeder ein Teil des Ganzen,
doch weniger als die Summe der Teile - noch - wer weiß,
die erste Generation, die in der Welt zu Hause ist
Nokia, Samsung, Blackberry, Motorola, Sony, Ericsson

Berlin, London, Paris, Rom, Madrid
unsere Welt nicht real, sondern medial, verzerrt, manipulierbar,
jeder von uns Körper gewordenes Product- Placement,
geniales Marketing, der schöne neue Mensch, das sind wir,
für eine wirkliche Revolution müssten wir zuerst
uns selbst abschaffen, doch wer will das schon
Nokia, Samsung, Blackberry, Motorola, Sony, Ericsson

Nokio, Sangsai, Bleoul, Molhi, Sangkon
Noo Paulo, Saenos Aires, Blexico Moty, Sew Yon,
Nonis, Sairo, Blagier, Mopolis, Somaskon,
Norlin, Sandon, Blaris, Mom, Sadron

brave new world

Paul Plagge

Nachwort

Haben Sie den vorliegenden Gedichtband gerade erst in die Hand genommen oder haben Sie den Band schon durchgelesen? Im zweiten Falle haben Sie die zwei Gedichte *In den Nachmittag geflüstert* von Georg Trakl und meine Koproduktion *In die Nacht geflüstert* auf den Seiten 56 und 57 wahrscheinlich schon gelesen. Im anderen Falle möchte ich Sie bitten, dies jetzt zu tun! --- Nun, gefallen Ihnen die zwei Gedichte?
Ja, Sie fänden beide Gedichte sehr schön. – Danke schön, sehr nett von Ihnen! – Nein, das zweite Gedicht sei Ihnen zu sentimental und die letzte Strophe sei einfach nur schrecklich: *„Blaue Lippen zitternd weinen"* Was für ein Kitsch! Tja, es sei halt nicht ein jeder zum Dichter geboren, meinen Sie. – Nun ja, Sie könnten recht haben.
Warum ich Ihre Aufmerksamkeit gerade auf diese zwei Gedichte lenke? Nun weil mit diesen zwei Gedichten das Lyrikprojekt, dessen Ergebnis Sie in den Händen halten, seinen Anfang nahm: Es war im Jahr 1999, als ich in ein Kleingruppen-Seminar einer überaus engagierten Deutsch-Studienrätin geriet und mich gleich allen anderen Kommilitonen vor die anspruchsvolle Aufgabe gesetzt sah, zu dem vorliegenden Trakl-Gedicht eine analoge Komposition zu entwerfen. Die meisten Kommilitonen werden nach mehr oder minder gründlicher Lektüre des Gedichts, vereinzelten Schreibversuchen und angesichts anderer wichtigerer Aufgaben das zugemutete Ansinnen schnell aufgegeben haben.
Mich dagegen fesselte diese Aufgabe wirklich. Nach einer Woche intensiver Versuche legte ich eine Erstfassung von „In die Nacht geflüstert" vor, die sich nur in einigen Details von der heutigen Fassung unterscheidet. Seitdem suche ich mir in unregelmäßigen Abständen neue Gedichte und versuche mich an neuen

Kompositionen - vor allem im Urlaub und an freien Wochenenden.
Was zunächst als lyrisches Spiel mit verschiedenen Formen und Autoren begann, hat sich nach und nach in seinem Anspruch verändert: Aus dem bloßem Hobby und gelegentlichen Zeitvertreib entstand nach ca. fünf Jahren und den ersten 30 Gedichten zum ersten Mal die vage Idee eines Buchprojektes.
Nach und nach entstand so etwas wie eine subjektive Anthologie deutscher Kurzgedichte. Die Auswahl der Dichter und Gedichte richtete sich dabei ausschließlich nach dem Geschmack des Verfassers. Das einzige Auswahlkriterium war letztendlich, ob das jeweilige Gedicht mich zu einem Spiegelgedicht inspirierte und ob mir der Versuch einer analogen Komposition am Ende auch glückte. Manch ein schönes Gedicht erwies sich als eine zu harte Nuss.
Einem naheliegenden Missverständnis meiner Spiegelgedichte möchte ich aber an dieser Stelle unbedingt vorbeugen: Meine Koproduktionen sollten nicht als kritische Kommentare zu den Ursprungsgedichten gelesen und verstanden werden, selbst da nicht, wo sie sich wie z.B. beim Spiegelgedicht zu Sarah Kirschs *Bei den weißen Stiefmütterchen* unmittelbar inhaltlich auf das Original beziehen. Originalgedicht und Koproduktionen sind jeweils eigenständige Gedichte, wobei die Koproduktion eben aus der lyrischen Auseinandersetzung mit dem Originalgedicht hervorgegangen ist, d.h. vom Original inspiriert wurde.
Ich wünsche allen Leserinnen und Lesern viel Freude mit dieser Sammlung und ermuntere zu eigenen Versuchen in der Kunst der Lyrik.

Bremen, den 1.10.2014   Paul Plagge

Hinweis an Leserinnen

Obwohl ich mich bei der Auswahl von Gedichten darum bemüht habe, den tatsächlichem Anteil von Frauen an der deutschsprachigen Lyrik angemessen zu würdigen (im Gegensatz zu manch anderen Anthologien) und darum in dieser Sammlung den Frauen rein quantitativ wirklich die Hälfte des Himmels gehört, wird manch einer aufmerksamen Leserin wahrscheinlich auffallen, dass die Lyrikerinnen in den Abschnitten politisches Gedicht und komisches Gedicht dieser Sammlung gegenüber ihren männlichen Kollegen zahlenmäßig unterrepräsentiert sind. Natürlich gibt es auch politische und komische Gedichte von Frauen, aber die Auswahl weiblicher Gedichte war hier wesentlich begrenzter als in den anderen Rubriken. Warum das so ist, soll an dieser Stelle nicht thematisiert werden. Aber wer vor allem an der weiblichen Dichtung Interesse hat, sei hier auf die exzellente Arbeit von Gisela Brinkler-Gabler *Deutsche Dichterinnen vom 16. Jahrhundert bis zur Gegenwart* verwiesen, aus deren Anthologie ich auch einige Gedichte für diese Sammlung übernommen habe.

Paul Plagge

Urheberrechtliche Anmerkungen

Der Herausgeber und Autor geht bei der Veröffentlichung der Gedichte anderer Autoren in dieser Anthologie davon aus, dass die Veröffentlichung dieser Gedichte durch den § 51 UrhG gedeckt ist, der ausdrücklich die Wiedergabe eines veröffentlichten Werkes zum Zwecke des Zitates erlaubt, wenn Stellen eines fremden Werkes nach der Veröffentlichung in einem selbstständigen Sprachwerk angeführt werden. Fremdes Geisteswerk darf unter Wahrung der Grenzen des Zitatrechts zur Förderung des eigenen Schaffens genutzt werden, insofern durch eigene schöpferische Leistung zur geistigen Auseinandersetzung beigetragen wird.

Der Herausgeber und Autor nimmt dieses für sich in Anspruch. Dass es sich bei dieser Anthologie nicht um eine einfache Sammlung von Gedichten anderer Autoren handelt, sondern um ein selbstständiges Sprachwerk des Herausgebers und Autoren, liegt darin begründet, dass die Auswahl von Gedichten anderer Autoren dem ausschließlichen Zweck der Erstellung von eigenen Spiegelgedichten/ analogen Kompositionen diente; d.h. also, dass zu der Auswahl fremder Werkteile noch eigene Ausführungen hinzugetreten sind, die den Schwerpunkt der schöpferischen Leistung des Gesamtwerkes ausmachen.

Da von jedem Autoren nur ein Gedicht in diese Sammlung aufgenommen wurde, geht der Herausgeber und Autor außerdem davon aus, dass die veröffentlichten Gedichte den Status eines Großzitates nicht überschreiten, dass also das Zitatrecht auch dem Umfang nach nicht verletzt wurde.

Paul Plagge

Biografien und Anmerkungen

Aichinger, Ilse (geb. 1921)
Ilse Aichinger und ihre Zwillingsschwester Helga wurden am 1. November 1921 als Töchter eines Lehrers und einer jüdischen Ärztin in Wien geboren. Die Familie lebte in Linz, bis der Vater 1926 die Scheidung einreichte. Die Mutter zog mit den Kindern zurück nach Wien.
Der Anschluss Österreichs bedeutete für die Familie Verfolgung und Lebensgefahr. Die Schwester Helga konnte am 4. Juli 1939 mit einem Kindertransport nach Großbritannien fliehen. Der Rest der Familie konnte aber nicht mehr nachkommen, weil inzwischen der 2. Weltkrieg ausgebrochen war. Ilse Aichinger und ihre Mutter wurden in den Kriegsjahren dienstverpflichtet und waren ständig in der Gefahr, selbst deportiert und getötet zu werden. Die Großmutter und die jüngeren Geschwister der Mutter wurden 1942 deportiert und kamen in einem Vernichtungslager bei Minsk um.
Nach dem Krieg begann Ilse Aichinger Medizin zu studieren, brach aber nach fünf Semestern ab, um ihren autobiografisch geprägten Roman *Die größere Hoffnung* zu schreiben.
1951 wurde sie erstmals zur Gruppe 47 eingeladen. Ein Jahr später gewann sie mit ihrer *Spiegelgeschichte* den Preis der Gruppe. 1953 heiratete sie den Schriftsteller Günter Eich, mit dem sie zwei Kinder bekam.
1972 starb Günter Eich. 1981 nach dem Tod der Mutter zog Ilse Aichinger nach Frankfurt am Main, 1988 wieder nach Wien. Ilse Aichinger erhielt viele Literaturpreise. Nach dem Unfalltod ihres Sohnes Clemens im Februar 1998 zog sich die Autorin aus der literarischen Öffentlichkeit fast völlig zurück. Ilse Aichinger lebt heute in Wien.

Das Gedicht *Alter Blick* ist wie alle Gedichte Aichingers reimlos und in freiem Rhythmus geschrieben und in seiner Bildersprache mehrdeutig. In mir weckte die Lektüre des Gedichte vage Kindheitserinnerungen (*offenes Gartentor, Regentonne, Küchenfenster*) und darum handelt mein Spiegelgedicht *Neuer Blick* genau davon, vom Vergessen der Kindheit.

Aktoprak, Levent (geb. 1959)
Levent Aktoprak wurde am 18. September 1959 in Ankara geboren und kam als Kleinkind 1964 in die Bundesrepublik Deutschland. Sein Vater arbeitete im Bergbau.

Nach dem Abitur studierte Levent Aktoprak Soziologie, Pädagogik und Literaturwissenschaft an der Gesamthochschule Wuppertal. Seine ersten literarischen Schritte unternahm Aktoprak als Erzähler, vornehmlich aber als Lyriker. Zeitweilig war er Mitglied in der Bergkamener Werkstatt des Werkkreises Literatur der Arbeitswelt, einer Autorenvereinigung im Organisationsumfeld der DKP. 1980 erhielt er den Literaturförderpreis der Stadt Bergkamen für seinen Gedichtzyklus: *Sair – Der Poet, Das Stückchen Erde, Mein Land* und *Hundert Jahre*. Weitere Gedichtbände folgten: *Entwicklung* (1983), *Unterm Arm die Odyssee* (1987), *Das Meer noch immer im Kopf* (1991).
Levent Aktoprak lebt heute in Kamen gemeinsam mit seiner Lebensgefährtin und seinem Sohn. Er arbeitet als freier Rundfunkjournalist u. a. für den Deutschlandfunk.

Levent Aktoprak ist einer jener Lyriker, der trotz Veröffentlichung einzelner Gedichtbände nur im regionalen Umkreis eine größere Bekanntheit erlangt hat. Damit allerdings hat er schon mehr erreicht als die meisten Freizeitlyriker, die sich Zeit ihres Lebens glücklich schätzen können, wenn nur einzelne ihrer Gedichte in irgendwelchen literarischen Zeitschriften oder Sammelanthologien erscheinen. In seinem autobiografisch geprägten Gedicht *Sair – der Poet* reflektiert Aktoprak seinen ungewöhnlichen Werdegang vom Arbeiterkind zum Lyriker. Ich nehme sein Gedicht zum Anlass, in meinem Spiegelgedicht Der *Riese im Berg* über meine Rolle als Lyriker zu sinnieren.

Ausländer, Rose (1901 – 1988)
Rose Ausländer wurde als Rose Scherzer am 11. Mai 1901 in Czernowitz Österreich-Ungarn geboren. Die weltoffene, jüdische Familie lebte in Czernowitz, bis sie 1916 im Ersten Weltkrieg nach Wien floh. Als die Familie 1920 nach Czernowitz zurückkehrte, trat Rose eine Stelle in einer Anwaltskanzlei an und studierte nebenbei Literatur und Philosophie an der Czernowitzer Universität.
Gemeinsam mit ihrem Studienfreund Ignaz Ausländer wanderte Rose Scherzer 1921 in die USA aus. 1923 heiratete das Paar, ließ sich aber bereits 1926 wieder scheiden. 1927 kehrte Rose Ausländer in die Bukowina zurück, um ihre erkrankte Mutter zu pflegen, und lernte den Kulturjournalisten Helios Hecht kennen. Das Paar ging 1928 nach New York. 1931 kehrte das Paar nach Czernowitz zurück. Rose Ausländer veröffentlichte Gedichte und Aufsätze in Zeitungen, Zeitschriften und Anthologien, übersetzte

aus dem Jiddischen und Englischen, arbeitete als Fremdsprachenkorrespondentin sowie für eine Zeitung. 1934 trennte sie sich von Hecht.
Von Freunden in den USA wegen der bedrohlichen politischen Situation in Europa gedrängt, wanderte sie 1939 ein zweites Mal in die USA aus, kehrte jedoch noch im selben Jahr überstürzt zurück, um die schwer erkrankte Mutter zu pflegen. In der Folge des Hitler-Stalin-Pakts besetzten im Juni 1940 sowjetische Truppen Czernowitz. Rose Ausländer wurde als angebliche US-Spionin vom sowjetischen Geheimdienst NKWD verhaftet und erst nach viermonatiger Haft wieder aus dem Gefängnis entlassen. Anfang Juli 1941 besetzten mit Deutschland verbündete rumänische Truppen Czernowitz. Rose Ausländer wurde ins Ghetto der Stadt eingewiesen, wo sie Paul Celan kennenlernte. Sie überlebte Krieg, Zwangsarbeit und Verfolgung in einem Kellerversteck.
Nach der Befreiung von Czernowitz durch die Rote Armee ging Rose Ausländer wieder nach New York. Sie arbeitete wieder als Fremdsprachenkorrespondentin.
1964 zog Rose Ausländer nach Wien, ein Jahr später nach Düsseldorf. Ihr zweiter Gedichtband *Blinder Sommer* (1965) brachte ihr die erste literarische Auszeichnung. 1972 zog Rose Ausländer ins Nelly-Sachs-Haus, das Altenheim der Jüdischen Gemeinde Düsseldorfs. In den Folgejahren veröffentlichte sie zahlreiche Gedichtbände, die hohe Auflagen erreichten. Rose Ausländer starb am 3. Januar 1988 in Düsseldorf.

Das von mir ausgewählte Gedicht *Venedig 2* ist eines von mehreren Gedichten Rose Ausländers, die der Pfahlstadt an der Adria gewidmet sind. Reisegedichte finden sich spätestens seit Goethes Italiengedichten in den Werkausgaben fast aller bedeutenden Lyriker. Mein Spiegelgedicht entstand nach einem wunderschönen Londonurlaub im Sommer 2011, dem kaum zurückgekehrt nach Deutschland irritierende Fernsehbilder und Berichte aus den brennenden Londoner Vorstädten folgten.

Bachmann, Ingeborg (1926 – 1973)
Ingeborg Bachmann wurde am 25. Juni 1926 als Tochter eines Schuldirektors in Klagenfurt geboren und verbrachte Kindheit und Jugend in Kärnten. Schon in jungen Jahren fing sie an, Musik zu komponieren und Gedichte zu schreiben. Von 1945 bis 1950 studierte sie Philosophie, Psychologie, Germanistik und Rechtswissenschaften an den Universitäten Innsbruck, Graz und Wien. Während ihrer Studienjahre lernte Ingeborg Bachmann Paul Celan,

Ilse Aichinger und Klaus Demus kennen. Mit Celan verband sie Ende der vierziger und Anfang der fünfziger Jahre ein Liebesverhältnis.
1953 erhielt Ingeborg Bachmann den Literaturpreis der Gruppe 47 für den Gedichtband *Die gestundete Zeit*. 1956 veröffentlichte Ingeborg Bachmann ihren zweiten Gedichtband *Anrufung des Großen Bären*. Sie wurde Dramaturgin beim Bayerischen Fernsehen in München und engagierte sich gegen die Atomrüstung. 1958 begegnete sie Max Frisch und zog seinetwegen nach Zürich um. Ende 1962 endete die Beziehung mit Frisch. Ingeborg Bachmann verkraftete die Trennung psychisch nur schwer und musste sich mehrmals in Krankenhäuser einweisen lassen. 1965 zog Ingeborg Bachmann nach Rom, veröffentlichte nur noch sporadisch Gedichte und litt unter Tabletten- und Alkoholabhängigkeit.

In der Nacht vom 25. auf den 26. September 1973 erlitt Ingeborg Bachmann in ihrer Wohnung schwere Verletzungen durch einen Brand, der beim Einschlafen mit einer brennenden Zigarette ausgelöst wurde. Ingeborg Bachmann starb am 17. Oktober 1973 im Krankenhaus Sant'Eugenio in Rom.

Das Gedicht *Aufblickend* ist ein Jugendgedicht von Ingeborg Bachmann, in dem elementare weibliche Erfahrungen von Verletzung, Missbrauch, Entfremdung und Auflösung erkennbar sind. Mein Spiegelgedicht *Auf dich blickend* beschreibt ähnliche weibliche Verletzungen aus der Perspektive eines männlichen Beobachters.

Bobrowski, Johannes (1917 – 1965)
Johannes Bobrowski wurde am 9. April 1917 in Tilsit im damaligen Ostpreußen als Sohn eine Eisenbahnbeamten geboren. 1928 zog die Familie nach Königsberg, wo Johannes das humanistische Stadtgymnasium besuchte.

1937 nahm Bobrowski als Gasthörer ein Kunstgeschichtsstudium in Berlin auf. Als Angehöriger der Bekennenden Kirche hatte er Kontakt zum christlichen Widerstand gegen den Nationalsozialismus. Er nahm als Gefreiter in einem Nachrichtenregiment am gesamten Zweiten Weltkrieg in Polen, Frankreich und der Sowjetunion teil.

Nach Kriegsende bis 1949 war Bobrowski in sowjetischer Kriegsgefangenschaft u.a. im Don-Gebiet, wo er im Kohlebergbau arbeitete. Nach seiner Entlassung aus der Kriegsgefangenschaft war er zunächst als Lektor für einen Kinderbücher und später als Lektor für Belletristik tätig.

In der von Peter Huchel geleiteten Zeitschrift *Sinn und Form* erschienen 1955 fünf Gedichte Bobrowskis. Weitere Veröffentlichungen in west- und ostdeutschen Zeitschriften folgten. 1961 erschien in der Bundesrepublik Bobrowskis erster Gedichtband *Sarmatische Zeit*, der wenig später auch in der DDR veröffentlicht wurde. Auch Bobrowskis spätere Veröffentlichungen - sein zweiter Gedichtband *Schattenland Ströme* sowie seine Erzählungen und Romane – erschienen sowohl in Verlagen der Bundesrepublik als auch der DDR.
Im Oktober 1962 erhielt Bobrowski den Preis der Gruppe 47. Ein Jahr später wurde Bobrowski Mitglied im Deutschen Schriftstellerverband der DDR. Am 2. September 1965 starb Bobrowski an den Folgen eines Blinddarmdurchbruchs.

In seinem Gedicht *Holunderblüte* gestaltet Johannes Bobrowski eine Kindheitserinnerung des 1894 geborenen, russischen Schriftstellers Isaak Babel, der im jüdischen Ghetto von Odessa aufwuchs und wohl noch als Kind eines der unzähligen antijüdischen Pogrome im zaristischen Russland zu Beginn des 20. Jahrhunderts miterlebte. Mein Spiegelgedicht *Straßenbahngespräch* bezieht sich auf das dreiste und gezielt auf deutsche Jugendliche ausgerichtete Auftreten der neofaschistischen NPD im Wahlkampf zur Bremischen Bürgerschaft 2011.

Bodmershof, Imma von (1895 – 1982)
Imma von Ehrenfels wurde am 10. August 1895 in Graz Österreich als Tochter des Philosophen Christian von Ehrenfels geboren. Imma von Ehrenfels studierte Kunstgeschichte, Philosophie und Graphologie an den Universitäten in Prag und München. Sie war verlobt mit dem Hölderlin-Forscher Norbert von Hellingrath, über den sie auch mit Rainer Maria Rilke und Stefan George in Kontakt kam.
1925 heiratete Imma von Ehrenfels Wilhelm von Bodmershof und zog zusammen mit ihrem Ehemann auf das Landgut Rastbach in Niederösterreich. Zeitweise wohnte sie auch in Wien. Ab 1937 veröffentlichte sie als Schriftstellerin traditions- und heimatverbundene Romane und Erzählungen. Als Lyrikerin pflegte Imma von Bodmershof vor allem die dreizeilige japanische Gedichtform des Haiku.
Imma von Bodmershof starb am 26.8.1982 auf Gut Rastbach.

Das von mir ausgewählte Gedicht von Imma von Bodmerhof besteht aus zwei Haikus, die den klassischen Regeln des japanischen Haiku sowohl inhaltlich als auch formal entsprechen: Ein klassischer Haiku sollte enthalten a) einen Naturgegenstand, b) eine einmalige Situation sowie c) einen Bezug zur Jahreszeit. Die Darstellung soll sowohl konkret als auch symbolhaftig sein. Außerdem besteht ein Haiku aus 17 Silben verteilt auf 3 Verse im Verhältnis von 5 zu 7 zu 5. Meine eigenen Haikus orientieren sich an den gleichen Regeln. Von einem echten Spiegelgedicht im Sinne einer analogen Komposition zu sprechen, verbietet sich hier aber, weil man nicht aus meinen Haikus auf die Originale von Imma von Bodmershof zurückschließen könnte.

Borchert, Wolfgang (1921 – 1947)
Wolfgang Borchert wurde am 20. Mai 1921 als einziges Kind des Volksschullehrers Fritz Borchert und der plattdeutschen Heimatschriftstellerin Hertha Borchert in Hamburg-Eppendorf geboren. Schon im Alter von 15 Jahren begann Borchert Gedichte zu schreiben. Auf Betreiben seiner Eltern begann Borchert eine Buchhändlerlehre. Borchert wollte jedoch lieber Schauspieler werden und nahm Schauspielunterricht.
1941 wurde er als Soldat zur Wehrmacht einberufen und nahm am Angriff auf die Sowjetunion teil. Im Februar 1942 kehrte Borchert von einem Postengang mit einer Schussverletzung an der linken Hand zurück. Noch im Krankenhaus wurde Borchert wegen vermeintlicher Selbstverstümmelung verhaftet. Die Anklage forderte die Todesstrafe, das Gericht in Nürnberg entschied jedoch auf Haftstrafe.
Borchert wurde begnadigt und im November 1942 zur Bewährung wieder an die Ostfront geschickt. Bei Einsätzen als Melder zog er sich Erfrierungen an beiden Füßen zu. Im Januar 1943 wurde er ins Seuchenlazarett Smolensk verlegt, aus dem nach seinen Worten „täglich ein halbes Dutzend Tote rausgetragen wurden". Unmittelbar nach der Entlassung wird Borchert wegen politischer Witze denunziert, verurteilt und kommt für weitere neun Monate in Berlin-Moabit in Haft.
Nach Kriegsende gelangte Borchert schwer fieberkrank wieder zurück nach Hamburg und wurde im Dezember 1945 ins Krankenhaus eingeliefert. Im Krankenbett wandte er sich mit fiebriger Hast dem Schreiben zu. In dieser Zeit entstand Borcherts gesamtes Werk, u.a. die Erzählung *Die Hundeblume* sowie das Drama *Draußen vor der Tür* nieder, das für den Rundfunk bearbeitet und ausgestrahlt wurde. Am 20. November 1947 starb Wolfgang Borchert in Hamburg an den Folgen seiner Kriegserkrankung.

Wolfgang Borchert ist eigentlich durch seine Kurzgeschichten bekannter geworden als durch seine Gedichte. Doch das sehr authentische Gedicht *Liebeslied* von Wolfgang Borchert hat mich sofort zu einem Spiegelgedicht inspiriert, weil es für mich verdeutlichte wie kurz, notdürftig und mitunter folgenschwer die Liebesbeziehungen zwischen jungen Menschen unter den Bedingungen des Krieges verliefen.

Bossong, Nora (geb. 1982)
Nora Bossong wurde am 9. Januar 1982 in Bremen geboren und studierte am Deutschen Literaturinstitut Leipzig und an der Humboldt-Universität Berlin Philosophie und Komparatistik (vergleichende Literaturwissenschaft). Die junge Autorin veröffentlichte bisher die Romane *Gegend* 2007 und *Webers Protokoll* 2009 sowie die Gedichtbände *Reglose Jagd* 2007 und *Sommer vor den Mauern* 2011. Heute lebt und arbeitet die Autorin in Berlin.

Das Naturgedicht *Worpswede* habe ich nicht nur deswegen ausgewählt, weil es ich die darin beschriebene Landschaft selbst gut kenne, sondern auch weil es ein hervorragendes Beispiel ist für das, was moderne Lyrik auch ohne regelhafte Metrik und Reime zu leisten vermag: Das Gedicht entfaltet eine ähnliche lyrische Stimmung wie viele klassische Naturgedichte; trotzdem ist es mir nicht gelungen, Struktur und Wirkungsweise dieses Gedichts zu entschlüsseln. Obwohl ich grundsätzlich der Meinung bin, dass sich das Schreiben von Gedichten genau wie Klavierspielen oder Malen erlernen lässt, bin ich hier geneigt, eine natürliche Begabung im lyrischen Ausdruck anzunehmen.

Böttcher, Bas (geb. 1974)
Bastian Böttcher wurde am 31. Dezember 1974 in Bremen geboren (Nach Nora Bossong der zweite junge Lyriker in diesem Band, der aus Bremen stammt. Bremen scheint also kein schlechtes Pflaster für aufstrebende Literaten zu sein). Er studierte in Weimar Mediengestaltung.
Seit Anfang der 90er-Jahre trägt Bas Böttcher Slam-Poesie bei literarischen Veranstaltungen auf der Bühne vor und gilt darum als Mitbegründer der deutschsprachigen Poetry-Slam-Szene. Für Böttcher und die gesamte literarische Poetry Slam-Bewegung gehören das Verfassen und das Präsentieren (die Performance) von Texten eng zusammen. Zusammen mit DJ Loris Negro gründete er 1991 die Band *Zentrifugal*, die sich im 2001 auflöste.
1997 gewann Bas Böttcher die ersten deutschen Poetry-Slam-

Meisterschaften. Gedichte von Böttcher wurden in Schulbücher und in Anthologien deutschsprachiger Lyrik aufgenommen. Neben seinen Tourneen entwickelte Bas Böttcher lyrische Ausdrucksformen für das Internet (digitale Poesie) und produzierte zusammen mit dem Berliner Filmemacher und Slam Master Wolf Hogekamp diverse Poetry Clips.
Seit dem Jahr 2000 lebt und arbeitet Bas Böttcher in Berlin.

In dem von mir ausgewählten Slam-Gedicht *Babylon 2.8* lässt sich deutlich die Verwandtschaft dieser neuen Lyrikform mit Rap und Hip-Hop erkennen. Statt klassischer Endreime bestimmen Stab- und Binnenreime das Gedicht. Mein Spiegelgedicht *Generation zwei-null-elf* entstand 2011 unter dem Eindruck des „arabischen Frühlings", der sich von Tunesien aus wie ein Tsunami über die gesamte arabische Welt ausbreitete.

Brecht, Bertold (1898 – 1956)
Bertolt Brecht wurde am 10 Februar 1898 in Augsburg als erstes Kind von Wilhelmine und Berthold Friedrich Brecht, dem Direktor einer Papierfabrik, geboren.
1916 lernte Brecht seine Jugendliebe kennen, die Arzttochter Paula Banholzer, genannt Bi. Aus der von Paulas Eltern nicht tolerierten Beziehung ging der gemeinsame Sohn Frank hervor. 1917 begann Brecht in München Philosophie, Medizin und Literatur zu studieren. Weil er zum Sanitätsdienst einberufen wurde, musste er sein Studium abbrechen. Versuche nach dem Krieg, das Studium wieder aufzunehmen, beendete er nach kurzer Zeit zugunsten seiner schriftstellerischen Aktivitäten.
In Berlin arbeitete Brecht zunächst zusammen mit Carl Zuckmayer als Dramaturg am Deutschem Theater. 1922 inszenierte er in München erfolgreich sein Stück *Trommeln in der Nacht*. Im gleichen Jahr heiratete er die Schauspielerin und Opernsängerin Marianne Zoff. 1924 zog Brecht wieder nach Berlin, wo er eine Liebesbeziehung zur Schauspielerin Helene Weigel eingegangen war. Brecht ließ sich von seiner ersten Ehefrau Marianne scheiden und heiratete schließlich 1929 Helene Weigel.
1928 feierte Brecht mit seiner von Kurt Weill vertonten *Dreigroschenoper* einen der größten Theatererfolge der Weimarer Republik. Im selben Jahr lernte Brecht Hanns Eisler kennen, der nun zum wichtigsten Komponisten seiner Stücke und Lieder wurde. Brecht beschäftigte sich intensiv mit dem Marxismus und entwickelte marxistische Lehrstücke für das Theater.
Als 1933 die Nationalsozialisten an die Macht kamen, wurden

Brechts Bücher von den Nationalsozialisten verbrannt und verboten. Brecht flüchtete mit seiner Familie und Freunden ins Ausland. Im Exil in Dänemark entstand 1938 *Das Leben des Galilei.* 1939 floh er vor dem ausbrechenden 2. Weltkrieg nach Stockholm und später nach Helsinki, bevor er 1941 nach Kalifornien USA auswanderte.
1947 kehrte Brecht nach Europa zurück, zunächst in die Schweiz, dann nach Österreich und 1948 nach Berlin, wo er am Deutschen Theater sein Stück *Mutter Courage und ihre Kinder* inszenierte. Nach Gründung der DDR erhielt Brecht eine eigene Theatergruppe, das Berliner Ensemble.
Brecht starb am 14. August 1956 an Herzversagen. Brecht, der als einer der bedeutendsten deutschen Dramatiker gilt, hinterließ auch ein sehr umfangreiches lyrisches Werk.

In Brechts Lyrik finden sich oft auch zweiflerische und kulturpessimistische Reflexionen wie in dem von mir ausgewählten Gedicht *Der Nachgeborene.* Mein Spiegelgedicht *Gesunder Pessimismus* lässt ein lyrisches Ich sprechen, das angesichts des aktuellen Zustandes der Welt eine ähnliche Skepsis hegt.

Brinkmann, Rolf Dieter (1940 – 1975)
Rolf Dieter Brinkmann wurde am 16. April 1940 in Vechta geboren. Nach der Schule begann er eine Buchhändlerlehre in Essen. 1962 zog er nach Köln um, wo er zunächst Pädagogik studierte, sich aber bald für ein Leben als freier Schriftsteller entschied. 1964 heiratete er Maleen Kramer und der gemeinsame Sohn Robert wurde geboren. Erste Bände mit Gedichten und Erzählungen erschienen Anfang der 60er Jahre.
Zahlreiche Aufenthalte in London in den 60er Jahren brachten Brinkmann die anglo-amerikanische Lyrik und Popmusik jener Zeit nahe. Brinkmann machte die amerikanische Underground-Lyrik der Beat Generation in Deutschland bekannt.
Der immer wieder als provozierender Rebell auftretende Brinkmann zog sich nach 1970 vom deutschen Literaturbetrieb zurück und widmete sich in mehreren zum Teil unvollendeten Werken ausschließlich dem literarischen Schreiben und Collagieren von Briefen, Notizen, Zeitungsausschnitten und Fotos.
Am 23. April 1975 kam Rolf Dieter Brinkmann nach einem Auftritt auf einem internationalen Lyrikertreffen in London bei einem Autounfall ums Leben, weil er als Fußgänger den Linksverkehr nicht beachtete.

Rolf Dieter Brinkmann hat sich schon in jungen Jahren intellektuell mit dem Sterben und dem Tod auseinandergesetzt, wovon sein Gedicht *Einfache Gedanken über meinen Tod* Zeugnis ablegt. Mein Spiegelgedicht *Der Tod und der Dichter* reflektiert über den auffälligen, geradezu absurden Kontrast zwischen der Banalität des wirklichen Unfalltodes des Dichters Rolf Dieter Brinkmann (vom Auto überfahren im englischen Linksverkehr) und dem zuvor vom Dichter im Gedicht literarisch antizipierten Tod. Wäre der Tod eine literarische Figur müsste man ihm hier eine gute Portion boshafte Schalkhaftigkeit und schwarzen Humor zuschreiben; es ist fast so, als wolle er den Dichter noch im Tod Lügen strafen.

Cirak, Zehra (geb. 1960)
Zehra Çırak wurde 1960 in Istanbul geboren. Die Familie siedelte 1963 nach Deutschland über. Zehra wuchs in Karlsruhe auf und schrieb Tagebuch und Gedichte auf Deutsch, damit ihre Eltern sie nicht lesen konnten.
Seit 1982 lebt und arbeitet Zehra Cirak in einer Künstlerehe mit dem Objektkünstler Jürgen Walter zusammen in Berlin und veranstaltet regelmäßige Lyrik-Performance-Gastspiele in Deutschland und im europäischen Ausland.
Nach ersten Veröffentlichungen in Anthologien und Zeitschriften erschien 1987 ihr erster Gedichtband *Flugfänger*, es folgten weitere Gedichtbände sowie ein Band mit Erzählungen *Der Geruch von Glück* 2011.

Das Gedicht *Was tust du* von Zehra Cirak sowie auch mein Spiegelgedicht *Blick zurück* befassen sich mit der Frage, wie wir mit der uns zugemessenen Lebenszeit umgehen. In Deutschland wird von einer Lebenserwartung für Männer von 77 Jahren und für Frauen von 82 Jahren ausgegangen. Eigentlich genügend Zeit sollte man meinen. Doch in der zweiten Hälfte der eigenen Lebenszeit überkommt fast jeden und jede irgendwann einmal der Gedanke, dass das Leben für vieles doch zu kurz sein könnte. Und wenn dann die größere Hälfte, das gelebte Leben, die Erinnerungen an viele Menschen und schöne Momente unweigerlich Stück für Stück langsam dem Vergessen anheimfallen, dann überkommt einen plötzlich doch die Angst.

Cumart, Nevfel (geb. 1964)
Nevfel Cumart wurde am 31. Mai 1964 in Lingenfeld als Sohn türkischer Eltern geboren und wuchs in Stade (Niedersachsen) auf. Nach dem Abitur absolvierte er zunächst eine Lehre als Zimmer-

mann. 1986 begann er Turkologie, Arabistik, Iranistik und Islamwissenschaft an der Universität in Bamberg zu studieren.
Seit 1993 arbeitet Nevfel Cumart freiberuflich als Schriftsteller, Referent, Übersetzer und Journalist. Nevfel Cumart zählt mit fünfzehn Gedichtbänden zu einem der produktivsten Lyriker der jüngeren Generation in Deutschland. Einige seiner Gedichte wurden ins Polnische, Russische und Griechische übersetzt. Zwei Gedichtbände erschienen zweisprachig in deutsch-englischer Ausgabe. Außerdem veröffentlichte Cumart auch Aufsätze, literarische Essays in diversen Anthologien und Fachpublikationen sowie eine Sammlung mit Erzählungen. Er übersetzte auch Werke verschiedener türkischer Autoren ins Deutsche.

Das Gedicht *unsagbar* von Nevfel Cumart ist eine wunderbare Liebeserklärung, der ich mit *vertraut* eine genauso schöne Liebeserklärung an meine langjährige Ehefrau folgen lassen wollte.

Degenhardt, Franz-Josef (1931 – 2011)
Franz Josef Degenhardt wurde am 3. Dezember 1931 in Schwelm, am Rand des Ruhrgebiets, geboren und wuchs in einer katholischen Familie auf. Nach dem Abitur studierte er von Rechtswissenschaften in Köln und Freiburg und promovierte 1966.
1968 verteidigte Degenhardt als Rechtsanwalt in mehreren Prozessen Sozialdemokraten oder Kommunisten, die wegen Aktionen der Außerparlamentarischen Opposition (APO) angeklagt waren. 1972/73 verteidigte er auch Mitglieder der Baader-Meinhof-Gruppe (RAF) vor Gericht.
Als Liedermacher der 68er-Bewegung engagierte sich für die Ostermarschbewegung, gegen den Vietnamkrieg, gegen die Notstandsgesetze und den Radikalenerlass. Seine ersten Auftritte hatte er auf den Burg-Waldeck-Festivals.
1965 erschien sein Album *Spiel nicht mit den Schmuddelkindern*. Weitere Alben auch in Zusammenarbeit mit anderen Künstlern folgten. Aufgrund seines linksradikalen Engagements u.a. auch in der Friedensbewegung wurden Degenhardts Lieder ab Ende der 70er Jahre nicht mehr im Rundfunk gespielt. 1973 erschien Degenhardts erster Roman *Zündschnüre* über den Alltag und die Abenteuer einiger Arbeiterkinder am Ende des Zweiten Weltkriegs, der auch für das Fernsehen verfilmt wurde. Weitere zum Teil autobiografische Romane folgten.
Auch nach dem Niedergang des realen Sozialismus hielt Degenhardt an seinen kommunistischen Überzeugungen fest. Franz Josef Degenhardt verstarb am 14. November 2011 im Kreise seiner

Familie in Quickborn, Kreis Pinneberg.

Franz Josef Degenhardt würde wahrscheinlich als Liedermacher heute keinen Eingang in eine Lyrikanthologie finde. Aber für mich steht zweifellos fest, dass Franz Josef Degenhardt unter den Liedermachern der alten Bundesrepublik zwar nicht der musikalischste war, aber mit Sicherheit der poetischste. Allerdings sind seine Liedtexte in der Regel zu lang, als dass sie sich für eine analoge Komposition eignen würden, weshalb ich mit *Zwei und zwei* ein Kinderlied ausgewählt habe. Mein Spiegelgedicht *Drei mal drei*, ein Kinderlied in Anlehnung auch an Pipi Langstrumpfs „Zwei mal drei macht vier", hat mir richtig Spaß gemacht.

Delius, Friedrich Christian (geb. 1943)
Friedrich Christian Delius wurde am 13. Februar 1943 in Rom geboren, wo sein Vater Pfarrer an der Deutschen Evangelischen Kirche war. Er ist das älteste von vier Geschwistern und wuchs im hessischen Wehrda auf. Nach dem Abitur studierte er Literaturwissenschaft in Berlin und arbeitete anschließend als Verlagslektor. Seit 1978 ist er freier Schriftsteller.
F.C. Delius begann in den 1960er Jahren seine schriftstellerische Laufbahn mit gesellschaftskritischer Lyrik sowie mit dokumentarischen und satirischen Texten. Von 1964 bis 1967 nahm er an den Tagungen der Gruppe 47 teil. Seit den Siebzigerjahren schreibt er vorwiegend Romane, häufig zu politischen Themen aus der Geschichte der Bundesrepublik Deutschland.
Friedrich Christian Delius ist verheiratet und Vater von zwei Töchtern. Er lebt in Berlin und Rom.

Auch in dem von mir ausgewählten Gedicht *Abend*, vordergründig nichts weiter als eine lyrische Reminiszenz an einen lauen Sommerabend, schwingt die politische Bewegtheit des Deutschen Herbst in dem Erstaunen über die Ruhe der Landschaft mit: *welche friedliche Ecke* und *keine weiteren Grausamkeiten in der näheren Luft*. Mein Spiegeldicht *Viñales* dagegen gestaltet eine Reiseerinnerung, wie sie vermutlich für viele verklärende Urlaubserinnerungen westeuropäischer Touristen typisch ist.

Domin, Hilde (1909 – 2006)
Hilde Domin wurde am 27. Juli 1909 in Köln als Tochter des Rechtsanwalts und Justizrats Eugen Löwenstein und dessen Ehefrau Paula geboren. Nach der Schule begann Hilde Löwenstein zunächst ein Studium an der juristischen Fakultät Heidelberg,

wechselte aber später an die Berliner Universität.
1931 lernte Hilde Löwenstein den jüdischen Altphilologie- und Archäologiestudenten Erwin Walter Palm kennen. Seiner Italiensehnsucht folgend begannen beide im Herbst 1932 ein Auslandsstudium in Rom, das nach der Ernennung Hitlers zum Reichskanzler zu ihrer ersten Exilstation wurde. 1936 heiratete das Paar in Rom. Die italienischen Rassengesetze von 1938 erklärten auch in Italien die Juden zu Staatsfeinden. Deshalb floh das Paar 1939 zunächst über Paris nach London und dann weiter über Kanada in die Dominikanische Republik. Hilde begann dort mit ersten eigenen schriftstellerischen Tätigkeiten, übersetzte Arbeiten ihres Mannes und unterrichtete später Deutsch an der Universität in Santo Domingo.
1954 kehrte sie nach 22 Jahren Exil in die Bundesrepublik Deutschland zurück, wechselte aber ihren Wohnsitz ständig zwischen Spanien und Deutschland. Hilde Domin intensivierte ihre schriftstellerische Tätigkeit. 1959 erschien ihr erster Gedichtband *Nur eine Rose als Stütze* unter dem selbstgewählten Pseudonym Domin, eine Referenz an ihr langjähriges Exil in der Dominikanischen Republik. Neben Gedichten, Erzählungen und einem Roman in Montageform *Das Zweite Paradies* schrieb Hilde Domin Essays und literaturwissenschaftliche Abhandlungen und war auch als Übersetzerin und Herausgeberin tätig.
Ihren Lebensabend verbrachte die Dichterin in Heidelberg; die Stadt stiftete ihr zu Ehren den „Hilde-Domin-Preis für Literatur im Exil". Am 22. Februar 2006 verstarb Hilde Domin in Heidelberg im Alter von 96 Jahren.

Das Gedicht *Apell* habe ich als einen Aufruf Hilde Domins gelesen, sich für das Leben zu begeistern und für eine selbstgewählte Aufgabe in Leidenschaft zu brennen. Das man dabei auch verbrennen, ausbrennen kann, thematisiert mein Spiegelgedicht *Klage*, das ich dem viel zu früh verstorbenen Sänger Rio Reiser gewidmet habe, dessen wunderschöne Lyrik und Lieder leider keinen Eingang in dieses Buch gefunden haben.

Droste-Hülshoff, Elisabeth Freiin von (1845 – 1912)
Elisabeth Freiin von Droste zu Hülshoff wurde am 1. Juli 1845 auf Burg Hülshoff als das jüngste von dreizehn Kindern des Gutsbesitzers und Politikers Werner-Constantin von Droste zu Hülshoff und seiner Ehefrau Caroline geboren.
Elisabeth darf nicht verwechselt werden mit ihrer wesentlich berühmteren und literarisch bedeutsameren Tante Annette von

Droste-Hülshoff (1797–1848), deren Patenkind sie war. Weithin bekannt wurde Elisabeths Gedicht *Letzte Worte*, das noch vor wenigen Jahren Annette von Droste-Hülshoff zugeschrieben wurde und deren Grab auf dem Friedhof in Meersburg ziert.
Elisabeth blieb unverheiratet und war u.a. kunsthandwerklich tätig. Sie setzte sich im Kulturkampf für die Katholische Kirche ein und lebte in ihren letzten Jahren im Wallfahrtsort Kevelaer. Sie wirkte mit ihrem Bruder Heinrich auf die Herausgabe der *Gesammelten Werke* ihrer Tante Annette von Droste-Hülshoff hin. Elisabeth von Droste zu Hülshoff verstarb am 15. April 1912 in Kevelaer.

Auch ich hatte ursprünglich das Gedicht *Letzte Worte* in dem Glauben aufgenommen, ein Gedicht von Annette Droste-Hülshoff ausgewählt zu haben, bevor ich ich im Nachhinein erfuhr, dass dieses Gedicht von ihrer Nichte Elisabeth stammt. Mein Spiegelgedicht *Erste Worte* macht sich den glücklichen Umstand zu nutze, dass in der Literatur das Geschlecht des lyrischen Ichs (weiblich) und das Geschlecht des Autoren (männlich) nicht übereinstimmen müssen.

Droste, Wiglaf (geb. 1961)
Wiglaf Droste wurde am 27. Juni 1961 in Herford geboren. Nach der Schule begann er ein Studium der Publizistik und Kommunikationswissenschaften in Berlin. Nach Abbruch des Studiums arbeitete er zunächst in diversen Aushilfsjobs und anschließend als freier Mitarbeiter für eine Berliner Tageszeitung, das Stadtmagazin „tip" und die Berliner „taz".
1989 trat Droste mit *Kommunikaze* erstmals als Buchautor in Erscheinung. Es folgten weitere Buchveröffentlichungen. Droste unternimmt regelmäßig Lesereisen und wurde dabei mehrfach von der Thüringer Punk-Rock-Band „Geile Götter" begleitet.
Von 1989 bis 1991 war er Redakteur des Satiremagazins „Titanic". Seit 1999 gibt Droste mit seinem Freund Vincent Klink die kulinarische Vierteljahreszeitschrift *Häuptling Eigener Herd* heraus. Seit 2000 tritt er auch als Sänger mit der Chanson-Jazz-Band *Spardosen-Terzett* auf. Droste erhielt 2003 den Ben-Witter-Preis, einen Literaturpreis für gesellschaftskritischen Humor. Seit 2010 schreibt er häufig in der linken Tageszeitung *junge Welt*.

Wiglaf Drostes Gedicht *Über das Faulenzen* ist wahrscheinlich in diesem arbeitsamen Land nicht mehrheitsfähig. Da man in einer Demokratie die Mehrheitsverhältnisse respektieren sollte, ist mein Spiegelgedicht den *Fleißigen* gewidmet.

Fontane, Theodor (1819 - 1898)
Theodor Fontane wurde am 30. Dezember 1819 als Sohn des Apothekers Louis Henry Fontane und seiner Ehefrau Emilie im brandenburgischen Neuruppin geboren. 1836 begann Fontane der Familientradition folgend eine Ausbildung zum Apotheker, schrieb aber gleichzeitig erste Novellen und Gedichte. Nach dem Abschluss seiner Lehre trat Fontane in verschiedenen Städten Anstellungen als Apothekergehilfe an, bis er sich schließlich als Apotheker in Berlin niederließ. 1939 veröffentlichte Fontane seine erste Novelle *Geschwisterliebe*.
1848 nahm Fontane an der revolutionären Erhebungen in Berlin teil. Fontane gab den Apothekerberuf auf und arbeitete seitdem als freier Schriftsteller für verschiedene Zeitungen. 1850 heiratete Fontane seine Verlobte Emilie Rouanet-Kummer, mit der insgesamt sieben Kinder hatte, von denen allerdings drei Söhne jeweils kurz nach der Geburt verstarben.
1855 erhielt Fontane als Journalist eine Korrespondenten-Tätigkeit in England. Nach der Rückkehr nach Deutschland 1859 fand Fontane jedoch zunächst keine redaktionelle Anstellung mehr und widmete sich nun als Schriftsteller der Reiseliteratur.
In den letzten Lebensjahren stellte Fontane seine journalistische Tätigkeit ein und widmete sich fortan ganz der Schriftstellerei. Die Romane *Effi Briest*, *Die Poggenpuhls* und *Der Stechlin* sowie die autobiografische Schrift *Von Zwanzig bis Dreißig* entstanden. Theodor Fontane starb am 20. September 1898 in Berlin.

Das Gedicht *Im Garten* habe ich ausgewählt, weil es mich an die ersten Gefühle des Verliebtseins, der Schwärmerei und des Begehrens zurückerinnert. Mein Spiegelgedicht *Am Strand* beschreibt den entgegengesetzten Pol, das Ende einer Liebesbeziehung, die erstmalige schmerzhafte Erfahrung der Diskrepanz, der Nichtmehrübereinstimmung zwischen ehemals Verliebten.

Gernhardt, Robert (1937 bis 2006)
Robert Gernhardt wurde am 13. Dezember 1937 als Sohn eines Richters in Reval (später Tallinn) geboren. Die Familie Gernhardt gehörte in Estland zur Minderheit der Deutsch-Balten und musste 1939 nach Posen übersiedeln. 1945 fiel der Vater im Krieg. Die Mutter floh mit ihren Söhnen nach Westen. 1946 kam die Familie nach Göttingen. Nach der Schule studierte Gernhardt Malerei und Germanistik in Stuttgart und Berlin. 1965 heiratete er die Malerin Almut Ullrich.
Seit 1964 lebte er als freiberuflicher Maler, Zeichner, Karikaturist

und Schriftsteller in Frankfurt am Main. Gernhardt war Redakteur der Satirezeitschrift „Pardon" und später Mitbegründer der „Titanic". In den 1980er-Jahren war Gernhardt auch als Co-Autor für Otto Waalkes tätig. Gernhardt veröffentlichte mehrere Gedichtbände und trat auch als Essayist hervor.

Nach dem Tod seiner ersten Ehefrau 1989 ging Gernhardt ein Jahr später eine zweite Ehe mit Almut Gehebe ein. Am 30. Juni 2006 erlag Robert Gernhardt in Frankfurt am Main einer langjährigen Darmkrebserkrankung.

Das *Schnabeltier* ist eines jener typischen, lustigen Nonsens-Gedichte von Robert Gernhardt, dem „ich", ich meine „wir", schon in der Schule begegnet sind. Dem majestätischen Schnabeltier habe ich in meinem Spiegelgedicht einen etwas eigensinnigen, philosophierenden *Elefanten* als Begleiter zur Seite gestellt.

Goll, Claire (1891 – 1977)
Claire Goll wurde am 29. Oktober 1890 in Nürnberg als Clara Aischmann geboren und wuchs in München auf. 1911 heiratete sie den Schweizer Verleger Dr. Heinrich Studer. Nach der Scheidung der Ehe im Jahr 1917 übersiedelte Clara in die Schweiz. Hier begegnete sie erstmals dem Dichter Yvan Goll, den sie 1921 in Paris heiratete.

1918/19 wurden Claire Golls erste Gedichte und Novellen veröffentlicht. Ihre Erzählungen, Gedichte und Romane erschienen auch in französischer Sprache. Ihre Gedichtbände *Poèmes d'amour* 1925, *Poèmes de la jalousie* 1926 und *Poèmes de la vie et de la mort* schrieb sie gemeinsam mit ihrem Ehemann als *Wechselgesang der Liebe*.

1939 flüchtete das Ehepaar Goll vor den Nationalsozialisten aus Frankreich in die USA. Bis 1947 lebte das Paar vorwiegend in New York und kehrte dann nach Paris zurück. Nach dem Tod von Yvan Goll 1950 widmete sich Claire Goll der Herausgabe des Werkes ihres Ehemannes. Claire Goll starb am 30. Mai 1977 in Paris.

Das Gedicht *Unschlaflied* hatte ich früh in meine Arbeitsmappe aufgenommen und seinen charakteristischen Aufbau mit den Verswiederholungen (Vers 1 und 10 sowie Vers 3 und 11), den Assonanzen (Augen, Staunen) sowie den märchenhaften Farben (türkisblau, silberne, goldenen) schon analysiert. Aber lange Zeit fand ich keine korrespondierenden Themen und Bilder. Doch irgendwann entstanden aus den Textbausteinen „Unschlaf" und „Jede Nacht sterb ich nach dir" die assoziativen Verbindungen „untot" und

„unsterblich": Der Arbeitstitel *Nosferatu* und die für das Spiegelgedicht grundlegende Inspiration „unsterbliche Liebe" waren gefunden.

Gomringer, Nora (geb. 1980)
Nora-Eugenie Gomringer wurde am 26. Januar 1980 in Neunkirchen im Saarland als einzige Tochter und Jüngste von acht Kindern der Germanistin Nortrud Gomringer und des Lyriker Eugen Gomringer geboren.
Wegen einer Auslands-Professur des Vaters verbrachte Nora Gomringer vier Jahre in den USA, wo sie enge Kontakte zur Performance-Poesie-Szene hatte. Nach dem Abitur studierte Nora Gomringer an der Universität Bamberg Anglistik, Germanistik und Kunstgeschichte.
Nora Gomringer schreibt Lyrik für Radio und Feuilleton und hat seit 2000 fünf Lyrikbände und eine Essay-Sammlung veröffentlicht. Als Vertreterin der spoken-word-Szene tritt sie regelmäßig auf poetry-slam-Veranstaltungen auf. Darum liegen ihren Lyrikbänden auch Audio-CDs mit Aufnahmen der selbstrezitierten Gedichte bei. 2011 wurden ihr der Jacob-Grimm-Preis für Deutsche Sprache und 2012 der Joachim-Ringelnatz-Preis zugesprochen.

Während viele Texte der slampoetry nur durch ihre rhythmische Vortragsweise als lyrische Texte identifizierbar sind und in Schriftform eher der Prosa zuzurechnen wären, kann das von mir ausgewählte Gedicht *Die Kinder schlafen* von Nora Gomringer aufgrund seiner visuellen Versform leicht als Gedicht erkannt werden. Mein Spiegelgedicht *Flugzeuge fallen* gestaltet meine Erinnerungen an den 11. September 2001.

Grünbein, Durs (geb. 1962)
Durs Grünbein wurde am 9. Oktober 1962 in Dresden geboren. Nach der Schule studierte er Theaterwissenschaft an der Humboldt-Universität zu Berlin. Nach Abbruch des Studiums 1987 arbeitete er als freiberuflicher Schriftsteller, Übersetzer und Essayist. Nach der Wende 1989 unternahm er Reisen durch Europa, nach Südostasien und in die Vereinigten Staaten.
Grünbein arbeitet als freier Mitarbeiter für verschiedene Zeitschriften, kooperiert mit Aktionskünstlern, Schauspielern und Malern, veröffentlicht Aufsätze in Ausstellungskatalogen und macht Performance in Galerien. 1988 debütierte Grünbein mit dem Gedichtband *Grauzone morgens*. Mittlerweile liegen rund 30 Bücher von ihm vor, die zum Teil auch in andere Sprachen über-

setzt wurden. Für sein Werk hat Grünbein viele Literaturauszeichnungen erhalten u.a. den Peter-Huchel-Preis 1995 sowie den Berliner Literaturpreis 2006. Seit 2005 ist Durs Grünbein Professor für Poetik an der Kunstakademie Düsseldorf.

In dem Gedicht *Potsdamer Platz* rollt die Grünbeinische Dichtkunst mit Wagnerischer Wucht genauso gewaltsam über den Leser hinweg, wie sich Teilung und Wiedervereinigung in das Gesicht der Stadt Berlin eingegraben haben. Mein Spiegelgedicht *Havelchaussee* beschreibt die leichteren, frühlingshaften Seiten der Stadt an Spree und Havel im fröhlichen Stile einer impressionistischen Melodie Debussys und ist ein Dankeschön für eine wunderschöne Ausflugsfahrt über die Havel am Geburtstag meiner Tante Frauke.

Gryphius, Andreas (1616 – 1664)
Andreas Gryphius wurde am 2. Oktober 1616 als jüngster Sohn des Diakons Paul Greif im niederschlesischen Glogau geboren. Seinen Vater verlor er schon mit 5 Jahren, die Mutter 1628 im Alter von zwölf. Im gleichen Jahr musste der junge Andreas Greif vor dem Dreißigjährigen Krieg aus seiner Heimatstadt fliehen. Zwischen 1634 und 1636 studierte er am Akademischen Gymnasium zu Danzig. Danach wurde er Hauslehrer der Familie des Ritters von Schönborn.
1637 erschien Gryphius erste Sonettsammlung in Lissa. 1638 begleitete Gryphius zwei Söhne Schönborns in die Niederlande und studierte nun für ungefähr sechs Jahre an der Universität Leiden Jura, Anatomie, Metaphysik und Poetik.
Erst 1947 kurz vor Kriegsende kehrte Gryphius nach Schlesien zurück. Zwei Jahre später heiratete er Rosina Deutschländer. Mit ihr hatte er vier Söhne und drei Töchter. 1650 wurde Gryphius Landessyndikus von Glogau.
Gryphius verfasste Dramen und Lyrik. Am 16. Juli 1664 verstarb Andreas Gryphius in Glogau.

In seinem Gedicht *Thränen des Vaterlandes* beschreibt der erst 20-jährige Andreas Gryphius die entsetzlichen Gräuel des 30-jährigen Krieges (1618-1648), der heute nach vier Jahrhunderten und noch entsetzlicheren Kriegen nahezu in Vergessenheit geraten ist. Mein Spiegelgedicht *Tränen der Erde* beschreibt die Folgen einer entfesselten kapitalistischen Weltwirtschaft, die die menschliche Zivilisation an den Rand des globalen ökologischen Crashs treibt.

Günderrode, Caroline von (1780 – 1806)
Caroline von Günderrode wurde am 11. Februar 1780 in Karlsruhe als ältestes Kind des Regierungsrats Hector Wilhelm von Günderrode und seiner Ehefrau Luise Sophie geboren. Ihr Vater starb, als sie 6 Jahre alt war. Die Mutter zog darauf mit ihren fünf Töchtern und einem Sohn nach Hanau. Dort lebte die Familie fortan unter beengten materiellen Verhältnissen.
1797 wurde Caroline Günderrode auf Drängen der Mutter aus Versorgungsgründen im Cronstetter-Hynspergischen Stift für adlige Damen in Frankfurt am Main aufgenommen. Ihr missfiel das Stiftsleben sehr. Sie reiste viel und besuchte Freunde, besonders Bettina von Arnim, die später eine Biographie über Günderrode schrieb.
Unter dem Pseudonym „Tian" veröffentlichte Günderrode mit 24 Jahren ihr erstes Buch *Gedichte und Phantasien*. Sie verliebte sich leidenschaftlich in den verheirateten Mythologen Friedrich Creuzer, der diese Liebe zunächst erwiderte. Als dieser nach einer Krankheit seiner Ehefrau zuliebe die Affaire zu seiner jüngeren Geliebten beendete, erdolchte sich die unglückliche Caroline von Günderrode am 26. Juli 1806 am Rheinufer.

Das von mir ausgewählte Gedicht *Liebe* überzeugt vor allem durch die radikale Haltung, mit der die Günderrode hier für die freie und romantische Liebe eintritt. Mein Spiegelgedicht *Kosmos* orientiert sich an der vorgegebenen Reimfolge (a-a-b-b-a) und der vorgegebenen Metrik des Orginals (die Verse 1–4 Jamben mit weiblicher Kadenz, d.h. mit unbetonter Silbe am Versende sowie ein daktylischer 5.Vers), bricht sie aber in Vers 3 und 4 der zweiten Strophe mit zwei männlichen Kadenzen, d.h. mit zwei betonten Silben am Versende (fehlt?/ Welt).

Güvenis, Halil (geb. 1950)
Halil Güvenis wurde am 15. November 1950 in Istanbul geboren. Er lebte über zwanzig Jahre in Deutschland und studierte von 1969 bis 1977 Physik in Tübingen. Danach arbeitete er als Übersetzer. 1989 kehrte Halil Güvenis in die Türkei zurück. Erst danach begann er seine Veröffentlichungstätigkeit als Schriftsteller in Deutschland.
2007 wurde ein erstes Buch mit Essays und Gedichten *Der Weg der Liebe* veröffentlicht. 2008 folgte der zweisprachige deutschtürkische Gedichtband *Ein heiterer Refrain auf meinen Lippen*.

Das Gedicht *Der Quälgeist der Deutschen* stellt einen satirischironischen Kommentar zu der öffentlichen Debatte um die vermeintlich erhöhte Gewaltbereitschaft von ausländischen Jugendlichen dar. Mein Spiegelgedicht *Die Gespenster der Globalisierung* befasst sich mit einer anderen Gattung unsympathischer Zeitgenossen (obwohl sich die besagten Damen und Herren die Anrede „Genossen" zu Recht verbitten würden).

Hacks, Peter (1928 – 2003)
Peter Hacks wurde am 21. März 1928 als Sohn eines Rechtsanwalts in Breslau geboren. Nach dem Reichsarbeitsdienst versuchte Peter Hacks in der Endphase des Zweiten Weltkriegs, sich dem Wehrdienst zu entziehen, und geriet dabei in die Gefangenschaft der Waffen-SS und danach kurzzeitig in amerikanische Kriegsgefangenschaft. 1946 machte er in Wuppertal sein Abitur.
Im Anschluss studierte Peter Hacks in München Neuere Deutsche Literatur, Theaterwissenschaft, Philosophie und Soziologie. Anschließend arbeitete er als Schriftsteller zusammen mit James Krüss für den Rundfunk in München und trat im Kabarett mit eigenen Texten auf.
1955 übersiedelte Hacks, inzwischen mit der Schriftstellerin Anna Elisabeth Wiede verheiratet, in die DDR. Er ließ sich in Berlin nieder, wo er zunächst für Brechts Berliner Ensemble arbeitete und später als Dramaturg am Deutschen Theater.
1962 gab Hacks seine Stellung als Dramaturg auf und lebte fortan als freischaffender Schriftsteller. Hacks veröffentlichte viele Theaterstücke, u.a. „Ein Gespräch im Hause Stein über den abwesenden Herrn von Goethe", die sowohl auf Bühnen der DDR als auch der BRD aufgeführt wurden. Durch seine Erfolge erhielt Hacks immer größere Anerkennung und 1977 schließlich den Nationalpreis der DDR.
Das Ende der DDR nahm Hacks nicht zum Anlass, von seiner kommunistischen Überzeugungen Abstand zu nehmen. Weitere Ausgaben seiner Essays, seiner Gedichte, der späten Dramen sowie eine Werksausgabe wurden veröffentlicht. Am 28. August 2003 starb Peter Hacks in seinem Landhaus in Groß Machnow.

Obwohl Hacks hauptsächlich als Dramatiker berühmt geworden ist, hat er auch ein umfangreiches lyrisches Werk hinterlassen, das sich genau wie seine Dramen an den Vorbildern der Klassik orientiert. Auch das von mir ausgewählte Gedicht *Als mein Mädchen zu Besuch kam* ist wie die meisten Gedichte Hacks durchgängig metrisch und gereimt. Bei meinem Spiegelgedicht hatte ich zuerst nur die Idee zu den ersten beiden Versen *An dem Tag, an dem mein*

Mädchen/ ohne was zu sagen, ging. Die restlichen Verse entwickelten sich dann wie von selbst.

Heine, Heinrich (1797 – 1856)
Heinrich Heine wurde am 13. Dezember 1797 unter dem Geburtsnamen Harry Heine als das älteste von vier Kindern des Tuchhändlers Samson Heine und seiner Ehefrau Betty in Düsseldorf geboren. Nach der Schule arbeitete Heine zunächst als Volontär bei einem Frankfurter Bankier, bevor er ins Bankhaus seines wohlhabenden Onkels Salomon Heine nach Hamburg wechselte.
1819 begann Heinrich Heine ein Studium der Rechts- und Verwaltungswissenschaften zunächst an der Universität Bonn, dann an der Universität Göttingen, die er aber nach einem Duell aufgrund einer gegen ihn gerichteten antisemitischen Beleidigung gleich wieder verlassen musste. Er ging zur Berliner Universität, wo er Kontakt zu den literarischen Zirkeln der Stadt fand.
1822 veröffentlichte er einen ersten Gedichtband *Gedichte* und ein Jahr später seine *Tragödien, nebst einem lyrischen Intermezzo*. 1925 promovierte Heine in Göttingen zum Doktor der Rechte und konvertierte zum christlichen Glauben, um sich in Hamburg als Jurist niederzulassen. Aber trotz des Übertritts wurde Heine auch weiterhin mit öffentlichen antisemitischen Ressentiments konfrontiert, die seine beruflichen Pläne vereitelte.
Nach der Julirevolution 1830 siedelte als politischer Journalist für die „Augsburger Allgemeine Zeitung" Heinrich Heine nach Paris über. Ab 1835 waren Heines Werke aufgrund ihrer demokratischen Gesinnung in allen Mitgliedstaaten des Deutschen Bundes verboten. 1841 heiratete Heine weit unter seinem Stand die ehemalige französische Schuhverkäuferin Augustine Crescence Mirat, mit der er zeitlebens verbunden blieb. 1843 entstand in Folge einer Besuchsreise nach Hamburg Heines berühmtestes Werk, das satirische Versepos *Deutschland, ein Wintermärchen*.
1848, als in Paris die Revolution ausbrach, erlitt der an einem Nervenleiden erkrankte Heine einen Zusammenbruch und verbrachte die restlichen acht Lebensjahre nahezu vollständig gelähmt bettlägrig zu Hause. Trotz der Krankheit veröffentlichte er noch weitere Werke. Am 17. Februar 1856 starb Heinrich Heine in Paris.

In dem von mir ausgewählten Gedicht *In meiner Erinnerung erblühen* wirft Heine für einen Dichter der Romantik einen überaus nüchternen und zugleich nachsichtigen Blick auf die Gegenwärtigkeit und Vergänglichkeit der Liebe, dem ich mit meinem Spiegelgedicht *Ich habe das Gesicht vergessen* einen ebenso nüchternen und nachsichtigen Blick gegenübergestellt habe.

Hensel, Kerstin (geb. 1961)
Kerstin Hensel wurde am 29. Mai 1961 in Karl-Marx-Stadt geboren. Nach der 10. Klasse machte sie eine Ausbildung zur Krankenpflegerin und arbeitete danach in der Chirurgie. 1983 begann Hensel ein Studium am Institut für Literatur in Leipzig und arbeitete auch am Leipziger Theater.
Seit 1987 ist Kerstin Hensel freiberuflich als Schriftstellerin tätig. Die Autorin hat mehrere Erzählungen, Romane sowie Gedichtbände veröffentlicht: *Poesiealbum* 1983, *Stilleben mit Zukunft* 1986, *Freistoß* 1995 und *Bahnhof verstehen* 2001. Für ihre Werke wurde Kerstin Hensel mit verschiedenen Literaturpreisen geehrt.
Von 1995 bis 1998 lehrte Kerstin Hensel an der Filmhochschule Potsdam. Seit 2001 ist sie Professorin an der Hochschule für Schauspielkunst Berlin.

Auch Kerstin Hensel hat als Lyrikerin ihren eigenen, schwer zugänglichen lyrischen Stil kreiert, in dem Sprachversatzstücke zu Gedichten in nicht erzählender Form komponiert werden. Das Gedicht *Schlachteplatte* ist eine Miniatur, die nicht unbedingt als typisch für Hensels Lyrik gelten kann. In meinem Spiegelgedicht halte ich der süddeutschen sächsischen und bayrischen Schlachteplatte das norddeutsche Bremer und Oldenburger Lokalgericht *Kohl und Pinkel* entgegen.

Hölderlin, Friedrich (1770 – 1843)
Friedrich Hölderlin wurde am 20. März 1770 als Sohn des Klosterhofmeisters Heinrich Hölderlin und seiner Ehefrau Johanna in Lauffen am Neckar geboren. Der Vater starb als Friedrich zwei Jahre alt war.
Von 1788 bis 1793 studierte Hölderlin Theologie in Tübingen. Wegen mangelnder finanzieller Mittel konnte er das Studium nicht fortsetzen und begann eine Anstellung als Hauslehrer bei der Schriftstellerin Charlotte von Kalb. Wegen eines amourösen Verhältnisses zu der Gesellschafterin Charlottes musste er die Stellung ein Jahr später wieder aufgeben. In Jena lernte Hölderlin Goethe, Schiller und Friedrich von Hardenberg (Novalis) kennen. Ein Jahr später verlässt Hölderlin Jena überstürzt und taucht psychisch verwirrt wieder in Nürtingen auf.
1796 wurde er Hauslehrer der Kinder des Frankfurter Bankiers Jakob Gontards. Hier kam er in näheren Kontakt zu dessen Ehefrau Susette, die seine große Liebe und zur *Diotima* seines späteren

Briefromans *Hyperion* wurde. Nachdem die Beziehung bekannt wurde, musste Hölderlin das Haus verlassen. Anschließend lebte er zwei Jahre bei einem Studienfreund in Bad Homburg im Taunus. 1802 starb Hölderlins heimlich Liebe Susette Gontard. Hölderlin kehrte seelisch verwirrt zurück zur Mutter nach Nürtingen und stürzte sich in die schriftstellerische Arbeit. Er übersetzte die griechischen Dichter Sophokles und Pindar, nach dessen Vorbild er auch seine eigenen Gesänge und Hymnen konzipierte.

1806 brach Hölderlins psychische Krankheit erneut aus und er wurde in eine Heilanstalt in Tübingen eingeliefert. Zerrüttet von Wahnvorstellung wurde Hölderlin die folgenden 36 Jahre bis zu seinem Tod von der Familie des Tischlers Ernst Zimmer gepflegt. Am 7. Juni 1843 starb Friedrich Hölderlin im Alter von 73 Jahren in Tübingen. Zu Hölderlins Lebzeiten wurde nur ein Bruchteil seines Werkes veröffentlicht; insbesondere sein Spätwerk wurde größtenteils erst im 20. Jahrhundert erschlossen.

Das Gedicht *An die Parzen* bezieht sich in seinem Titel auf die drei Schicksalsgöttinnen Nona, Decima und Morta der römischen Mythologie; sie halten Jupiters Willen im Sinne göttlicher Vorbestimmung schriftlich auf Erztafeln fest. In der Rezeption durch Literatur und bildende Künste personifizieren die Parzen auch den Tod selbst. Mein Spiegelgedicht *in memoriam Gordon Z.* habe ich anlässlich einer Beerdigung zum Trost für eine Freundin und ihren Sohn geschrieben, die ihren Ehemann und Vater nach einer langjährigen Erkrankung verloren.

Huch, Ricarda (1861 – 1947)
Ricarda Octavia Huch wurde am 18. Juli 1861 in Braunschweig als Tochter des Großkaufmanns Richard Huch und dessen Frau Emilie geboren. Nach dem Abitur begann sie in der Schweiz Geschichte und Philosophie zu studieren, weil in Deutschland Frauen zu dieser Zeit noch kein Studium möglich war. Neben dem Studium arbeitete sie als Sekretärin an der Stadtbibliothek Zürich. Als eine der ersten Frauen promovierte Huch 1891 mit einer Arbeit zur Geschichte der Schweiz. Im gleichen Jahr erschien unter dem Pseudonym Richard Hugo ihr erster Lyrikband *Gedichte,* der Jugendstil-Elemente vorausnahm. 1894 erschien ihr erstes Bühnenstück *Evoë!*.

1896 zog sie nach Bremen, wo sie als Lehrerin für Deutsch und Geschichte arbeitet. Ein Jahr später zog sie nach Wien, wo sie den italienischen Zahnarzt Ermanno Ceconi kennenlernte, den sie 1898 heiratete und dem sie nach Triest folgte. In Triest erarbeitete Huch als erste Historikerin die Geschichte des italienischen „Risorgi-

mento" unter der Führung von Giuseppe Garibaldi. In den nächsten Jahrzehnten folgten weitere historische Studien, Romane und Biografien.
Im Jahr 1900 zog das Ehepaar nach München. 1906 ließ sie sich von Ceconi scheiden und heiratete ein Jahr später ihren Vetter und Schwager Richard Huch, mit dem sie nach Braunschweig zog. In ihrer Sammlung *Neue Gedichte* veröffentlichte sie 1907 erstmals sexuell freizügige Liebeslyrik. 1911 ließ Ricarda Huch sich erneut scheiden und zog zurück nach München. 1927 zog Huch zu ihrer Tochter nach Berlin.
Nach der Machtergreifung der Nationalsozialisten trat sie 1933 als erste Künstlerin aus Protest gegen den Ausschluss Alfred Döblins aus der Preußischen Akademie der Künste aus. Ricarda Huch wurde trotz ihrer oppositionellen Haltung aufgrund ihrer früheren italienischen Verbindungen von den Nazis nicht behelligt und ging wie viele oppositionelle Künstler in Deutschland in die innere Emigration. In ihrem letzten Gedichtband *Herbstfeuer* vereinte sie kurz vor Kriegsende die seit 1930 entstandene Lyrik. Nach dem Krieg arbeitet sie an einer Studie über den Widerstand der Münchner Studentengruppe „Weiße Rose", die posthum unter dem Titel *Der lautlose Aufstand* veröffentlicht wurde. Am 17. November 1947 starb Ricarda Huch in Schönberg im Taunus.

Das von mir ausgewählte Gedicht *Ich werde nicht an deinem herzen satt* ist ein Gedicht, dass in einer für die frühere weibliche Lyrik ungewöhnlich offenen und direkten Form weibliche Sexualität und Wollust thematisiert. Mein Spiegelgedicht *Ich finde keine Ruh' in meiner Brust* ergänzt eine äquivalente männliche Form der Sexualität.

Huchel, Peter (1903 – 1981)
Peter Huchel wurde am 3. April 1903 als Hellmut Huchel, Sohn eines Beamten, in Lichterfelde bei Berlin geboren. Der ältere Bruder Friedrich fiel 1917 im ersten Weltkrieg. Von 1923 bis 1926 studierte Huchel Literatur und Philosophie in Berlin, Freiburg im Breisgau und Wien.
Huchel wurde Mitarbeiter der Literaturzeitschrift „Die literarische Welt", in der er auch seine ersten Gedichte veröffentlichte. 1932 erhielt Huchel seinen ersten Literaturpreis für seine Naturlyrik in der Gedichtsammlung *Der Knabenteich*.
Nach der Machtübernahme der Nationalsozialisten 1933 flohen viele seiner Freunde ins Exil. Auch Huchel reiste nach Kronstadt in die Sowjetunion aus, wo er Dora Lassel kennenlernte, die er 1934

nach seiner Rückkehr nach Deutschland heiratete. Von 1934 bis 1940 arbeitete Huchel als freier Autor unter anderem für den Rundfunk und verfasste Hörspiele. 1941 wurde er zur Luftwaffe eingezogen und geriet 1945 kurzfristig in sowjetische Kriegsgefangenschaft.
Nach Kriegsende arbeitete Huchel als Direktor und Sendeleiter des (Ost-)Berliner Rundfunks und wurde danach Chefredakteur der Literaturzeitschrift „Sinn und Form". Mit weitgespannten Themenkreisen und Autoren aus Ost und West verschaffte Huchel der Zeitschrift hohes literarisches Renommee. Huchels Auffassungen von einem undogmatischen marxistischen Literaturdiskurs brachten ihn in Konflikt mit der offiziellen Parteilinie. 1962 wurde Peter Huchel darum zum Rücktritt gezwungen.
Es folgten Jahre der gesellschaftlichen Isolation. Huchels Haus wurde zum Treffpunkt vieler kritischer Schriftsteller: Wolf Biermann, Günter Kunert, Reiner Kunze, Ingeborg Bachmann, Heinrich Böll und Max Frisch.
1971 schließlich siedelte Huch in die Bundesrepublik über. Er lebte in der Folgezeit zunächst in Rom und ließ sich dann in Staufen im Breisgau nieder, wo Peter Huchel am 30. April 1981 verstarb. Obwohl Peter Huchel zeit seines Lebens nur fünf schmale Gedichtbände herausgab, zählt er dennoch zu den bedeutenden deutschsprachigen Lyrikern des 20. Jahrhunderts.

In dem Gedicht *Der Rückzug* verarbeitete Peter Huchel vermutlich seine persönlichen Kriegserfahrungen am Ende des zweiten Weltkrieges. Ich selbst gehöre zu der glücklichen Generation, die den Krieg nur aus Büchern, der Tageszeitung oder Fernsehbildern kennengelernt haben. Mein Spiegelgedicht *Fern(seh)krieg* thematisiert eine mir im Gedächtnis verbliebene Nachrichtensendung aus dem zweiten Golfkrieg 1991.

Kaleko, Mascha (1907 – 1975)
Mascha Kaléko wurde am 7. Juni 1907 im galizischen Chrzanów (Österreich-Ungarn) als voreheliches Kind des jüdisch-russischen Kaufmanns Fischel Engel und seiner späteren Ehefrau Chaja Reisel Aufen auf den Namen Golda Malka Aufen geboren. Aus Furcht vor Pogromen übersiedelte die Familie bei Ausbruch des Ersten Weltkrieges zunächst nach Frankfurt am Main, anschließend nach Marburg und schließlich 1918 nach Berlin.
In Berlin begann Mascha Engel 1925 eine Bürolehre. Nebenher besuchte sie an der Hochschule und an der Universität Abendkurse in Philosophie und Psychologie. 1928 heiratete Mascha Engel den

zehn Jahre älteren Hebräisch-Lehrer Saul Aaron Kaléko.
Ende der 20iger Jahre veröffentlichte Mascha Kaléko erste Gedichte und kam mit der künstlerischen Szene Berlins in Kontakt. 1933 publizierte Mascha Kaleko das *Lyrische Stenogrammheft*. Obwohl das Werk bereits im Mai den nationalsozialistischen Bücherverbrennungen zum Opfer fiel, gab der Verlag 1935 noch eine zweite Auflage heraus. 1938 wurde die erste Ehe geschieden und Mascha Kaleko heiratete den Dirigenten und Musikwissenschaftler Mascha Chemjo Vinaver, mit dem sie schon einen zweijährigen Sohn hatte..
Aus Furcht vor den Nationalsozialisten emigrierte die neue Familie 1938 in die USA. Kaléko hielt dort die Familie mit dem Verfassen von Reklametexten über Wasser. 1944 erhielt die Familie die amerikanische Staatsbürgerschaft.
Nach dem Krieg fand Kaléko in Deutschland wieder ein Lesepublikum. 1960 wanderte sie ihrem Mann zuliebe nach Jerusalem aus. Dort fühlte sie sich sprachlich und kulturell isoliert.
1968 starb ihr Sohn in New York; 1973 auch ihr Ehemann Vinaver. 1974 besuchte sie ein letztes Mal Berlin. Auf dem Rückweg nach Jerusalem starb Mascha Kaleko auf einen Zwischenhalt in Zürich am 21. Januar 1975 an Magenkrebs.

Das von mir ausgewählte Gedicht *Bleibtreu heißt die Straße* beschreibt die Zwiespältigkeit der Gefühle, mit denen die Exilantin Mascha Kaleko nach 40 Jahren ihre Heimatstadt Berlin besucht. Mein Spiegelgedicht *Ist noch nicht so lange her* beschreibt die Nachgeborenen und ihr Verhältnis zur jüngeren deutschen Geschichte.

Kaschnitz, Marie Luise (1901 – 1974)
Marie Luise Freifrau von Kaschnitz-Lausitz wurde am 31. Januar 1901 als Tochter des adeligen Generalmajors von Holzing-Berstett in Karlsruhe geboren und wuchs in Potsdam und Berlin auf. Nach dem Abitur arbeitete sie in Weimar, München und Rom als Buchhändlerin.
1925 heiratete sie den Archäologen Guido Kaschnitz von Weinberg, mit dem sie zahlreiche Reisen unternahm und abwechselnd in Rom, Königsberg, Marburg und Frankfurt am Main lebte, wo ihr Mann einen Lehrstuhl für Archäologie übernommen hatte. Nach dem Tod ihres Mannes 1958 zog sie sich zeitweise auf das Familiengut in Bollschweil bei Freiburg zurück.
Ihrem 1933 erschienenen, ersten Roman *Liebe beginnt* folgten Erzählungen, Essays und Gedichte, darunter *Totentanz und Gedichte*

zur Zeit, die erst 1947 nach dem Zusammenbruch des Nazi-Regimes erschienen und noch ganz unter dem Eindruck der Kriegserfahrung standen. In den 50er Jahren wandte sich Marie Luise Kaschnitz verstärkt dem Hörspiel zu. 1955 wurde sie mit dem Georg-Büchner-Preis ausgezeichnet. Marie Luise Kaschnitz starb am 10. Oktober 1974 in Rom.

Das von mir ausgewählte Gedicht *Vom Strand wo wir liegen* beschreibt eine unvergessliche Strandnacht in einem nicht näher genannten Mittelmeerland, vermutlich Italien. Dem habe ich in meinem Spiegelgedicht *In einer Hütte am Ende der Welt* eine eigene unvergessliche Nacht gegenübergestellt.

Kästner, Erich (1899 – 1974)
Erich Kästner wurde am 23. Februar 1899 in Dresden als Sohn des Fabrikarbeiters und Sattlermeisters Emil Richard Kästner und seiner Ehefrau Ida, einer Friseurin, geboren. Der junge Erich besuchte die Volksschule und trat mit 14 Jahren in das Lehrer-Seminar in Dresden ein.
1917 wurde Kästner als Soldat zum Ersten Weltkrieg eingezogen und kehrte mit einem schwerem Herzleiden zurück. Nach dem Krieg studierte Kästner ab 1919 in Leipzig, Rostock und Berlin Germanistik, Geschichte, Philosophie und Theatergeschichte. 1927 zog Kästner nach Berlin um. Dort arbeitete er als Theaterkritiker und freier Mitarbeiter für verschiedene Zeitungen, unter anderem für die pazifistische „Weltbühne" von Carl von Ossietzky. In den Folgejahren veröffentlichte Kästner erste Gedichtbände sowie Texte für das Kabarett. 1929 veröffentlichte er den berühmten Kinderroman *Emil und die Detektive*. 1931 folgten die Kinderbücher *Pünktchen und Anton* und *Der 35. Mai* sowie 1933 *Das fliegende Klassenzimmer*.
Nach der Machtübertragung 1933 wurden viele seiner Werke verboten und von den Nationalsozialisten verbrannt. Kästner durfte in Deutschland nicht mehr publizieren. Kästner ging nicht wie viele andere Autoren ins Exil, sondern blieb in Deutschland. 1944 wurde Kästners Wohnung durch einen Bombenangriff vollständig zerstört. Kästner zog zu seiner Freundin Luiselotte Enderle, mit der er von nun an zusammenlebte. Im gleichen Jahr wurden Kästners Freunde Erich Ohser und Erich Knauf wegen politischer Witze im Luftschutzkeller verhaftet; Knauf wurde vom Volksgerichtshof zum Tode verurteilt und im Zuchthaus Brandenburg enthauptet; Erich Ohser beging vorher Selbstmord. Kästner selbst brachte sich kurz vor Kriegsende in Tirol in Sicherheit.

Nach dem Krieg arbeitete Kästner beim Kabarett „Die Schaubude" in München und als leitender Redakteur einer Zeitung. In den Folgejahren erhielt Kästner viele Auszeichnungen und veröffentlichte weitere Werke. Am 29. Juli 1974 starb Erich Kästner im Alter von 75 Jahren in München an Speiseröhrenkrebs.

Erich Kästner, der hauptsächlich durch seine Kinderbücher berühmt geworden ist, war auch ein bekannter humoristischer Lyriker, der in naiven Schmunzel-Versen mit genauer Beobachtungsgabe typisch menschliche Schwächen beschrieb. Diese Fähigkeit, kindlich naive Fragen zu stellen, charakterisiert auch das von mir ausgewählte Gedicht *Wieso warum?*. Mein Spiegelgedicht *Frag nicht warum!* stellt ebenfalls einige überaus naive Fragen.

Kaube, Suzan Emine (geb. 1942)

Suzan Emine Kaube wurde als Emine Ese 1942 in Pendik/ Istanbul geboren, wohin ihre Eltern aus Rumänien/Bulgarien zugezogen waren. Nach dem Abitur am renommierten Erenköy Lizeum für Mädchen begann sie ihr Studium an der Universität Istanbul. Nebenbei arbeitete sie als Angestellte im Büro einer Werft und lernte einen deutschen Ingenieurstudenten kennen, mit dem sie 1964 nach Deutschland zog. Nach der Heirat zog das Paar nach Hamburg um. Hier setzte Suzan Kaube ihr Studium der Fächer Geographie, Soziologie und Politische Wissenschaften fort. Mehrere Jahre arbeitete sie in Pinneberg in Schleswig-Holstein als Lehrerin an einer deutschen Grundschule und war auch als Dozentin in der Lehrerfortbildung mit dem Schwerpunkt Vermittlung von interkulturellen Kompetenzen tätig.
In ihrer Freizeit ist Suzan Emine Kaube als Malerin und Schriftstellerin tätig. Als Schriftstellerin veröffentlichte sie zwei Lyrikbände *Tanz im Westwind oder du gibst mir erst Almosen, dann die Hölle* 1999 und *Heimlich und kühl* ebenfalls 1999. Für den Roman *Auf türkisgrünen Flügeln*, den Kaube auch ins Türkische übersetzte, verlieh ihr der Weltverband der Schriftsteller in London den Europapreis für Literatur 2002 in der Kategorie "Verständigung der Völker". In türkischer Sprache verfasste Kaube die Gedichte des Bandes *Uyuyan Göl*. Als Malerin arbeitet Kaube überwiegend abstrakt und in Collagetechniken und hatte diverse Ausstellungen in Deutschland und in der Türkei.

Das von mir ausgewählte Gedicht *Langsam* von Suzan Emine Kaube ist eine wunderschöne Miniatur, aus der ich in meinem

Spiegelgedicht *Rasend* die thematischen Aspekte Zeitempfinden und Interferenz in kontrastierender Form aufgegriffen habe.

Kirsch, Sarah (geb. 1935)
Sarah Kirsch wurde am 16. April 1935 als Ingrid Hella Irmelinde Kirsch in Limlingerode bei Nordhausen geboren und wuchs in Halberstadt auf. Ihr Vater war Fernmeldetechniker.
Nach dem Abitur begann sie zunächst eine Forstarbeiterlehre, die sie aber abbrach, um in Halle Biologie zu studieren. Zwischendurch arbeitete sie in einer Zuckerfabrik, in der Heimerziehung und in einer Landwirtschaftlichen Produktionsgenossenschaft (LPG). 1958 lernte sie den Lyriker Rainer Kirsch kennen, mit dem sie von 1960 bis 1968 verheiratet war.
Ab 1960 veröffentlichte Ingrid Kirsch erste lyrische Texte unter dem neuen Vornamen Sarah, einem Pseudonym, das sie als Protest gegen den Holocaust angenommen hatte. Ab 1969 war sie in Berlin (Ost) als Journalistin, Hörfunkmitarbeiterin und Übersetzerin tätig. Als eine der Erstunterzeichnerin der Protesterklärung gegen die Ausbürgerung Wolf Biermanns wurde sie 1976 aus der SED und dem Schriftstellerverband der DDR ausgeschlossen. Ein Jahr später siedelte Sarah Kirsch mit ihrem Sohn nach Westberlin über.
Seit 1983 wohnte Sarah Kisch zurückgezogen in Tielenhemme, Kreis Dithmarschen Schleswig-Holstein. 2005 erschien eine Gesamtausgabe ihrer Lyrik unter dem Titel *Sämtliche Gedichte.* Am 15.Mai 2013 starb Sarah Kirsch in Heide, Schleswig Holstein.

Das Gedicht *Bei den weißen Stiefmütterchen* überrascht den Leser durch den Schlussvers „so wollen wir hoffen er liebt mich nicht mehr" und bot damit einen direkten Anknüpfungspunkt für mein Spiegelgedicht *Im Park unter der Weide*.

Kiwus, Karin (geb. 1942)
Karin Kiwus wurde am 9. November in Berlin 1942 geboren, wo sie auch aufwuchs. Karin Kiwus absolvierte ein Studium der Publizistik, Germanistik und Politischen Wissenschaften an der FU Berlin. Ab 1971 war sie als wissenschaftliche Assistentin und Sekretärin an der Akademie der Künste in Berlin tätig. Zwischendurch war Karin Kiwus mehrere Jahre als Verlagslektorin tätig.
Karin Kiwus veröffentlichte 1976 ihre erste Gedichtsammlung *Von beiden Seiten der Gegenwart*. Weitere Gedichtbände folgten: 1979 *Angenommen später*, 1992 *Das Chinesische Examen* und 2006 *Nach dem Leben*. Für ihr lyrisches Werk erhielt Karin Kiwus u.a. 1977 den Bremer Literaturförderpreis.

Das von mir ausgewählte Gedicht *Im ersten Licht* ist einer 1987 erschienen DDR-Ausgabe ihrer Gedichte entnommen und verblüfft den Leser mit der radikalen atmosphärischen Kehrtwende, die das Gedicht zwischen den poetisch klingenden Versen der ersten vier Strophen und den vulgären alltagssprachlichen Versen der letzten Strophe vollzieht. Als Mann habe ich es mir nicht nehmen lassen, in meinem Spiegelgedicht *Der letzte Abend* die gleiche bzw. eine ähnliche Situation aus einer möglichen männlichen Perspektive zu beschreiben.

Klabund, alias Alfred Henschke (1890 – 1928)
Alfred Henschke, geboren am 4. November 1890 in Crossen an der Oder, war der Sohn eines Apothekers. Im Alter von 16 Jahren erkrankte er an Tuberkulose, einer Krankheit, die ihn sein ganzes Leben lang begleitete.Nach dem Abitur 1909 begann Henschke zunächst ein Studium der Chemie und Pharmazie in München, wechselte aber bald zu Philosophie, Philologie und Theaterwissenschaften in München, Berlin und Lausanne. In München schloss er sich der künstlerischen Bohème an.
Ein erster Band mit Gedichten erschien 1913 in Berlin unter dem Pseudonym Klabund mit dem Titel *Morgenrot! Klabund! Die Tage dämmern!* Weitere Veröffentlichungen in verschiedenen Zeitschriften folgten. Von 1914 an war Klabund Mitarbeiter der Zeitschrift „Die Schaubühne" (später „Die Weltbühne").
Den Ersten Weltkrieg begrüßte Klabund anfangs begeistert und verfasste eine Reihe patriotischer Soldatenlieder. Im Laufe des Krieges wandelte sich Klabund zum Kriegsgegner. Zum Militär allerdings wurde der schwer lungenkranke Klabund nicht mehr eingezogen. 1918 heiratete er Brunhilde Heberle, die er im Lungensanatorium in der Schweiz kennengelernt hatte. Seine Frau sowie das gemeinsame Kind verstarben jedoch an den Folgen einer Frühgeburt.
1920 widmete Klabund seiner Freundin und Muse Marietta di Monaco den kurzen Liebesroman *Marietta*. 1923 heiratete er die Schauspielerin Carola Neher, mit der er eine turbulente Ehe führte. 1925 wurde Klabunds an der chinesischen Dichtung orientiertes Drama *Der Kreidekreis* in Meißen uraufgeführt und wurde zum Publikumserfolg. In den folgenden Jahren schrieb Klabund regelmäßig auch Texte für das Kabarett. Seine volkstümlichen, an den Bänkelgesang angelehnten Gedichte und Lieder erreichten in diesen Jahren ihre größte Popularität. Klabund verfasste 25 Dramen und 14 Romane, viele Erzählungen, zahlreiche Nachdichtungen und auch literaturgeschichtliche Werke.

Am 14. August 1928 verstarb Klabund in einem Lungensanatorium in Davos.

Das von mir ausgewählte Gedicht *Der südliche Herbst* scheint sich dem Programm des l'art pour l'art (der Kunst um der Kunst willen) verschrieben zu haben: Reimfolgen und Metrik sind klassisch und die verwendeten, teilweise kontrastierenden Bilder („Mond, Palmenbaum, Silbersee, Laub, rote Rose, weißer Thron") erzeugen einen kunstvoll und märchenhaft gestimmten lyrischen Raum; aber die syntaktisch korrekten Verse ergeben einen nur begrenzt rational erschließbaren Sinn („Silbersee zieht ... durch verlasnes Laub") und das Gedicht verweigert sich im Ganzen wie viele Gedichte der modernen Lyrik jeder inhaltsbezogenen Interpretation.

Meine eigenen Versuche in dieser Richtung endeten kläglich im Klamauk, so dass mein Spiegelgedicht *Danza macabre* die klassische Struktur einer Erzählung beibehält.

Köhler, Barbara (geb. 1959)

Barbara Köhler wurde am 11. April 1959 in Burgstätt geboren. Sie wuchs im sächsischen Penig auf. Nach dem Abitur ließ sie sich zur Textilfacharbeiterin ausbilden, arbeitete dann aber in Karl-Marx-Stadt als Altenpflegerin und als Beleuchterin am städtischen Theater. Zwischen 1985 und 1988 absolvierte sie ein Studium am Literaturinstitut *Johannes R. Becher* in Leipzig. Nach dem Studium war sie am Bezirksliteraturzentrum Karl-Marx-Stadt wissenschaftlich aktiv. In dieser Zeit wurden erste literarische Werke Barbara Köhlers in Zeitschriften veröffentlicht.

Nach der Wiedervereinigung wurde Köhler arbeitslos und versuchte sich darum als freie Autorin. Sie veröffentlichte 1991 ihren ersten Gedichtband *Deutsches Roulette*, schrieb für diverse Zeitungen und verfasste Essays sowie Katalogbeiträge zur bildenden Kunst. Seit 1994 lebt Barbara Köhler in Duisburg. In ihrem letzten Gedichtband *Niemands Frau. Gesänge zur Odyssee* 2007 nimmt sich Barbara Köhler der altgriechischen Odyssee aus weiblicher Perspektive an.

Das von mir ausgewählte Gedicht *Rondeau Allemagne* ist 1991 erschienen und beschreibt das zerrissene und entfremdete Lebensgefühl einer DDR-Intellektuellen gegenüber den Veränderungen in ihrem Land nach Wende und Wiedervereinigung. Mein Spiegelgedicht *Heimatlied* dagegen befasst sich mit dem zerrissenen Lebensgefühl vieler Jugendlicher heute, die obwohl in Deutschland geboren, sich nach wie vor hier nicht heimisch fühlen, weil sie sich selbst (wie auch viele Deutsche sie) immer noch als Ausländer sehen.

Kolmar, Gertrud (1894 – 1943)
Gertrud Kolmar wurde am 10. Dezember 1894 als älteste Tochter von vier Kindern des jüdischen Rechtsanwalts Ludwig Chodziesner und seiner Frau Elise unter dem Namen Gertrud Käthe Chodziesner geboren. Gertrud wuchs im Berliner Westen auf. Sie besuchte die höhere Mädchenschule und lernte Russisch, Englisch und Französisch an einer Schule für Sprachlehrerinnen. 1915 endete die Liebesbeziehung zu einem Offizier tragisch mit einer ungewollten Schwangerschaft Gertruds und einer vermutlich von den Eltern erzwungenen Abtreibung.

1917 wurde mit Unterstützung des Vaters der erste Band *Gedichte* unter dem selbstgewählten Pseudonym Gertrud Kolmar veröffentlicht. Nach dem ersten Weltkrieg arbeitete Gertrud Kolmar langjährig als Erzieherin für verschiedene Familien in Berlin und Hamburg. Ab 1928 übernahm sie wegen der schweren Erkrankung der Mutter die Führung des elterlichen Haushalts. Die Mutter verstarb 1930.

Noch nach der Machtergreifung der Nationalsozialisten wurden 1934 und 1938 der zweite und dritte Gedichtband Gertrud Kolmars von Kleinverlagen verlegt, aber nicht mehr veröffentlicht. Gertruds Geschwister emigrierten vor der nationalsozialistischen Judenverfolgung nach Australien und in die Schweiz. Versuche, auch Gertrud Kolmar nach England oder Palästina auswandern zu lassen, scheiterten nicht zuletzt daran, dass Gertrud den Vater nicht allein in Berlin zurücklassen wollte. So mussten beide alle Stadien der Judenverfolgung im Dritten Reich erleiden: vom Zwangsverkauf der elterlichen Villa, über den Zwangsumzug in das Judenhaus in Schöneberg und die Zwangsarbeit in der Rüstungsindustrie bis zur letztendlichen Deportation in den Tod.

Nachdem ihr Vater schon im September 1942 nach Theresienstadt deportiert wurde, wo er wenige Monate später starb, wurde auch Gertrud Kolmar im Februar 1943 verhaftet und ins Konzentrationslager Auschwitz deportiert. Von den etwa 1500 Berliner Juden, die in diesem Zug am 3. März 1943 in Ausschwitz ankamen, wurden nach der Selektion an der Rampe 535 Männer und 145 Frauen als „arbeitsfähige" Häftlinge registriert und in das Lager eingewiesen. Die übrigen etwa 820 Deportierten dieses Zuges, darunter Gertrud Kolmar, wurden nicht registriert und vermutlich nach der Ankunft in der Gaskammer ermordet.

Das von mir ausgewählte Gedicht *Liebe im Gras* ist ein unbeschwertes, sommerlich leichtes Liebesgedicht Gertrud Kolmars, aus dem man den späteren Leidensweg der Autorin natürlich nicht herauslesen kann. Durfte ich dazu ein Spiegelgedicht schreiben, ohne auf den Kontext des Holocaust zu verweisen? Ich denke ja. Ich glaube, Gertrud Kolmar hätte mein *Sommernachtstraum* gefallen.

Kraft, Gisela (1936 – 2010)
Gisela Kraft wurde am 28. Juni 1936 in Berlin geboren, wo sie mitten im Zweiten Weltkrieg aufwuchs.
Von 1956 bis 1959 absolvierte Gisela Kraft eine Schauspiel- und Eurythmie-Ausbildung in Berlin, Stuttgart und Dornach. Anschließend war sie an verschiedenen Theatern tätig. Von 1972 bis 1978 absolvierte sie ein Studium der Islamwissenschaft an der FU Berlin. Danach war sie als wissenschaftliche Mitarbeiterin am dortigen Institut für Islamwissenschaft tätig.
1984 übersiedelte die überzeugte Sozialistin nach Ost-Berlin. Ab 1997 lebte Gisela Kraft in Weimar. Für ihre literarischen Verdienste, insbesondere ihre Übersetzungen aus dem Türkischen, wurde Gisela Kraft 2006 der Weimar-Preis, sowie im Jahre 2009 für die Nachdichtung von Nazim Hikmets *Die Namen der Sehnsucht* der Christoph-Martin-Wieland-Preis verliehen. Am 5. Januar 2010 starb Gisela Kraft nach langer Krankheit im thüringischen Bad Berka.

In ihrem Gedicht *Lustgarten* reflektiert die überzeugte Sozialistin Gisela Kraft den Niedergang der DDR und den Systemwechsel hin zum Kapitalismus, wie er mit dem Beitritt der DDR zur Bundesrepublik Deutschland am 3. Oktober 1990 erfolgte. Mein eigenes Spiegelgedicht *Irrgarten* reflektiert mit größerem zeitlichen Abstand die gleichen historischen Ereignisse.

Kräftner, Hertha (1928 – 1951)
Hertha Kräftner wurde am 26. April 1928 in Wien geboren und wuchs im österreichischen Mattersburg auf. Während ihrer Schulzeit unternahm sie erste poetische Versuche. Als 1945 Soldaten der Roten Armee in das Haus der Familie eindrangen, wurde der Vater Viktor Kräftner bei einer Auseinandersetzung mit einem russischen Soldaten so schwer verletzt, dass er noch im selben Jahr an den Folgen verstarb.
1947 zog Hertha Kräftner zu ihrer Tante nach Wien, um an der Universität das Lehramtstudium der Germanistik und Anglistik

aufzunehmen. Hertha Kräftner lernte den Bibliothekar Otto Hirss kennen. Die schwierige Beziehung der beiden, die in den folgenden Jahren durch zahlreiche Affären sowie die immer stärker werdenden Depressionen und Selbstmordgedanken Kräftners belastet wurde, offenbart sich in Kräftners Briefen und Tagebuchaufzeichnungen.

In den literarischen Kreisen der österreichischen Hauptstadt erlangte Kräftner bald Anerkennung. Hermann Hakel, ihr erster literarischer Förderer, veröffentlichte 1948 in seiner Zeitschrift „Lynkeus" ihr Gedicht *Einem Straßengeiger*. Kräftner, die bisher nur Lyrik verfasst hatte, begann nun auch Prosatexte zu schreiben. Kräftners Werke erschienen in verschiedenen literarischen Zeitschriften und wurden im Wiener Volksbildungshaus sowie im Rundfunk vorgestellt. Trotz dieser schriftstellerischen Erfolge fühlte sich Kräftner unverändert einsam und traurig.

Im August 1950 flüchtete sie nach Paris. Dort entstand u.a. ihr *Pariser Tagebuch*. Die in dieser Zeit verfassten Texte neigen sich immer stärker hin zu Resignation und Tod. In der Nacht auf den 13. November 1951 nahm sich Hertha Kräftner mit einer Überdosis Veronal das Leben. Sie wurde nur 23 Jahre alt.

Auch das von mir ausgewählte Gedicht *Betrunkene Nacht* verweist auf den exzessiven Lebenswandel Hertha Kräftners, das Schwanken zwischen Lebensfreude und tiefer Traurigkeit, das Wandeln auf Messers Schneide nahe dem Abgrund. Mein Spiegelgedicht beschreibt *Den Morgen danach* in einem eher satirisch-humoristischen Ton.

Krechel, Ursula (geb. 1947)
Ursula Krechel wurde am 4. Dezember 1947 in Trier als Tochter eines Psychologen geboren. Ihre Mutter verstarb früh. Ursula Krechel studierte Gemanistik, Kunstgeschichte und Theaterwissenschaft und promovierte an der Universität Köln. Sie war Theaterdramaturgin in Dortmund und arbeitete mit jugendlichen Untersuchungshäftlingen an Theaterprojekten. 1972 entschloss Krechel sich zu einer Existenz als freie Schriftstellerin.

In regelmäßiger Folge erschienen zwölf Gedichtbände, zuletzt *Stimmen aus dem harten Kern* 2005 und und *Mittelwärts* 2006 sowie erzählende Prosa, Essays, Theaterstücke und Hörspiele. Ursula Krechel war an vielen Hochschulen als Literatur-Gastdozentin tätig: an der Warwick University/England, in Wien, in St.Louis/USA, an der Universität Essen, am Deutschen Literaturinstitut Leipzig und in Barcelona.

Das Gedicht *Versanden* von Ursula Krechel hat mich auf eine befremdliche und unerklärliche Weise berührt und mich in weniger als einer Stunde zu meinem Gegengedicht *Gestrandet* inspiriert: Manche Gedichte stecken einfach so in einem drinnen und drängen dann im richtigen Moment aufs Papier.

Kunert, Günter (geb. 1929)
Günter Kunert wurde am 6. März 1929 als Sohn einer jüdisch-christlichen Kaufmannsfamilie in Berlin geboren. Nach dem Besuch der Volksschule war es Günter Kunert auf Grund der nationalsozialistischen Rassengesetze nicht möglich, eine höhere Schule zu besuchen. 1939 wurde Kunert als Halbjude für „wehrunwürdig" erklärt. Während des zweiten Weltkrieges wurden viele jüdische Freunde und Verwandte der Familie verhaftet und deportiert, darunter auch Kunerts Großvater.
Nach Ende des Zweiten Weltkrieges studierte Günter Kunert in Ost-Berlin fünf Semester Grafik, brach sein Studium jedoch ab, um sich ausschließlich der Schriftstellerei zu widmen. Er veröffentlichte Lyrik, Glossen, Parodien und Kurzprosa in verschiedenen Zeitschriften der DDR, darunter dem „Eulenspiegel". 1949 trat er der SED bei. 1952 heiratete Günter Kunert.
1950 wurde Kunerts erster Lyrikband *Wegschilder und Mauerinschriften* veröffentlicht. 1954 und 1955 folgten zwei Bände mit Kurzprosa. Es folgten weitere Publikationen in BRD und DDR sowie erste Zerwürfnisse mit Verlegern und Zensoren über kritische Äußerungen Kunerts zu den inneren Verhältnissen der DDR.
1976 gehörte Günter Kunert zu den Erstunterzeichnern der Petition gegen die Ausbürgerung Wolf Biermanns. Daraufhin wurde ihm die SED-Mitgliedschaft entzogen. 1979 ermöglichte ihm ein mehrjähriges Visum das Verlassen der DDR. Kunert ließ sich mit seiner Frau Marianne in Kaisborstel bei Itzehoe in Schleswig-Holstein nieder, wo er bis heute als freier Schriftsteller lebt.
Kunert gilt als einer der vielseitigsten deutschen Gegenwartsschriftsteller. Neben Lyrik sind es Kurzgeschichten, Erzählungen, ein Roman, Essays, autobiographische Aufzeichnungen, Aphorismen, Glossen, Satiren, Märchen, Sciencefiction, Hörspiele, Reden, Reiseskizzen, Drehbücher, Libretti, Kinderbücher und ein Drama, die Kunerts kaum noch überschaubares schriftstellerisches Werk ausmachen.
Das von mir ausgewählte Gedicht *Über einige Davongekommene* ist ein Frühgedicht Günter Kunert, das erstmalig 1950 veröffentlicht wurde und das vermutlich anlässlich drohender neuer Kriege (Koreakrieg im gleichen Jahr) die Unfähigkeit der Menschen

thematisiert, sich von der Geißel des Krieges zu befreien. Mein Spiegelgedicht *Fukushima* handelt von den Risiken, die durch die zivile und militärische Nutzung der Atomkraft entstehen.

Kunze, Rainer (geb. 1933)
Reiner Kunze wurde am 16. August 1933 als Sohn eines Bergarbeiters und einer Kettlerin in Oelnitz im Erzgebirge geboren. Er besuchte eine Aufbauklasse, die Arbeiterkindern in der DDR eine höhere Schulbildung ermöglichte.
Nach dem Abitur studierte Rainer Kunze Philosophie und Journalistik an der Karl-Marx-Universität in Leipzig. Nach dem Staatsexamen arbeitete er zunächst als wissenschaftlicher Assistent. Anschließend arbeitete er vorübergehend als Hilfsschlosser im Schwermaschinenbau.
Seine ersten Gedichte veröffentlichte Rainer Kunze 1953. Sein erster eigener Lyrikband erschien 1959 unter dem Titel *Vögel über dem Tau*. 1962 heiratete Kunze die aus einem deutsch-tschechischen Elternhaus stammende Ärztin Elisabeth Littnerová. Das Paar ließ sich in Greiz/Thüringen nieder, wo Kunze als freier Schriftsteller zu arbeiten begann. Über seine Frau kam er in Kontakt zu tschechischen Künstlern und übersetzte später Werke von über sechzig tschechischen und slowakischen Dichtern.
1968 trat Kunze aus Protest gegen den Einmarsch der Warschauer-Vertrags-Staaten in die Tschechoslowakei aus der SED aus. 1976 wurde sein Prosaband *Die wunderbaren Jahre* in der Bundesrepublik veröffentlicht. Kunze wurde aus dem Schriftstellerverband der DDR ausgeschlossen. Nach Genehmigung seines Ausbürgerungsantrags siedelte Kunze 1977 mit seiner Familie in die BRD über.
In der Bundesrepublik schrieb er das Drehbuch zu dem Film *Die wunderbaren Jahre*. 1981 veröffentlichte er seinen ersten Gedichtband nach der Übersiedlung in den Westen *Auf eigene Hoffnung*. Heute lebt Rainer Kunze als freier Schriftsteller in Erlau bei Passau.

Rainer Kunzes Gedicht *Die Mauer* beschreibt die Schwierigkeiten vieler Deutscher in Ost und West in der gedanklichen und emotionalen Verarbeitung der rasanten, epochalen Umbrüche in den Jahren 1989 bis 1991, die durch Schlagworte wie Mauerfall, Wiedervereinigung und Zusammenbruch des real existierenden Sozialismus nur unzureichend skizziert werden.
Mein Spiegelgedicht *Zum Gedenken* ergänzt eine Perspektive, die bei den heutigen jährlichen Gedenkfeiern zum Tag der deutschen

Einheit meistens vergessen wird: Nach der Wiedervereinigung schwappte im Zusammenhang mit dem erstarkenden deutschen Nationalismus und der sogenannten Asylrechtsdebatte eine Welle rassistisch motivierter Gewalttaten über Deutschland, deren traurige Höhepunkte die rassistischen Ausschreitungen in Hoyerswerda September 1991 und in Rostock-Lichtenhagen August 1992 sowie die mörderischen Brandanschläge in Mölln November 1992 und in Solingen Mai 1993 markieren. Seit der Wiedervereinigung am 3. Okt.1990 sind mindestens 184 Menschen durch neonazistisch oder rassistisch motivierte Gewalttaten getötet geworden (Stand 2012).
Eines der ersten Opfer war der 28-jährige Angolaner Amadeu Antonio Kiowa, der 1987 als Vertragsarbeiter in die DDR gekommen war. Er wurde am 24. November 1990 in Eberswalde gemeinsam mit zwei Freunden von einer großen Gruppe neonazistisch orientierter Skinheads und Jugendlicher so brutal zusammengeschlagen, dass er wenige Tage später am 6. Dezember 1990 im Krankenhaus verstarb.

Lasker-Schüler, Else (1869-1945)
Elisabeth (Else) Schüler wurde am 11. Februar 1869 in Elberfeld als jüngstes von sechs Kindern einer jüdischen Bankiersfamilie geboren. Else galt als Wunderkind der Familie, denn sie konnte bereits mit vier Jahren lesen und schreiben. Sie besuchte das Lyceum, galt aber in der Schule als Außenseiterin. Else brach die Schule ab und erhielt von da an Privatunterricht.
1895 heiratete Else Schüler den Arzt Dr. Jonathan Berthold Lasker. Das Paar zog nach Berlin um. Else Lasker-Schüler nahm Malstunden und ließ sich von ihrem Mann ein Atelier einrichten. Über ihren Lehrer Simon Goldberg lernte sie die Berliner Künstlerszene kennen. Else Lasker-Schüler dichtete sich selber Rollen zu, nannte sich selbst Prinz und kleidete sich entsprechend extravagant. Weil ihr Ehemann ihren Lebenswandel nicht mehr unterstützte, musste Else Lasker-Schüler selbst für ihren Unterhalt sorgen. 1903 wurde die Ehe geschieden und Else Lasker-Schüler heiratete noch im gleichen Jahr den Schriftsteller Georg Levin.
1902 erschien Else Lasker-Schülers erster Gedichtband *Styx*. 1906 veröffentlichte sie ihr erstes Prosawerk *Das Peter Hille-Buch* und drei Jahre später das Drama *Die Wupper*.
Georg Levin trennte sich 1911 von Else Lasker-Schüler. Die verlassene Dichterin verliebte sich in den Arzt und Dichter Gottfried Benn, der zwar nicht auf Dauer mit der 18 Jahre älteren Exzentrikerin zusammenleben wollte, aber zeitlebens mit ihr befreundet blieb. 1932 wurde Else Lasker-Schüler für die Veröffentlichung des

Arthur Aronymus der Kleist-Preis verliehen, der damals bedeutendste deutsche Literaturpreis.
Nach der nationalsozialistischen Machtübernahme 1933 emigrierte Else Lasker-Schüler in die Schweiz, von wo aus sie insgesamt drei Reisen nach Palästina unternahm. Der Kriegsausbruch 1939 und ein fehlendes Rückreisevisum hinderten sie auf ihrer dritten Palästina-Reise an einer Rückkehr in die Schweiz. Else Lasker-Schüler starb einsam und verarmt am 22. Januar 1945 in Jerusalem.

Das Gedicht *Mein blaues Klavier*, im palästinensischen Exil entstanden, entstammt einem gleichnamigen Gedichtband, der erstmals 1943 in Jerusalem in kleinster Auflage mit folgender Widmung erschienen ist: „Meinen unvergesslichen Freunden und Freundinnen in den Städten Deutschlands - und denen, die wie ich vertrieben und nun zerstreut in der Welt, In Treue!"
Mein Spiegelgedicht *Das alte Klavier* übernimmt den charakteristischen Aufbau des Ursprungsgedichts, der in der Reduktion auf nur zwei Reimpaare (A-B-A-B / A-B-A / A-B-A-B-A-B) besteht, und knüpft auch inhaltlich an das Original an.

Lingen, Thekla (1866 – 1931)
Thekla Andrejewna Lingen wurde am 6. oder 18. März 1866 in Goldingen in Kurland/ Lettland geboren. Als 14jährige ging sie nach Petersburg, um sich als Schauspielerin ausbilden zu lassen. 1899 gründete sie zusammen mit dem Publizisten Emil Schmidt in Petersburg einen literarisch-dramatischen Verein und trat als Schauspielerin an deutschen Theaterabenden auf. Nach ihrer Heirat gab Thekla Lingen ihre schauspielerische Tätigkeit auf und verkehrte in den deutschen Kreisen der Petersburger Gesellschaft.
Ihr erster Gedichtband *Am Scheidewege* erschien 1898. Im Jahr 1900 erschien der Novellenband *Die schönen Frauen* und 1902 noch eine zweite Lyriksammlung *Aus Dunkel und Dämmerung*. Danach verstummte Thekla Lingen als Schriftstellerin. Über ihr weiteres Leben ist nichts bekannt außer einer letzten tragischen Angabe unklarer Quelle: Thekla Lingen soll am 7. November 1931 in einem Irrenhaus in Eitenau (evtl. Kreis Wehlau, Königsberg) gestorben sein.
Das Gedicht *Winterwanderung* von Thekla Lingen ist ein wunderbares Wintergedicht, bei dessen Lektüre einem der stille, verschneite Wald sogleich vor den Augen steht und man den Schnee unter den Stiefeln knirschen hört. Mein Spiegelgedicht *Frühjahrswanderung* dagegen gestaltet eine andere Landschaft und eine andere Jahreszeit.

Ludwig, Paula (1900 – 1974)
Paula Ludwig wurde am 5. Januar 1900 in Altenstadt bei Feldkirch in Österreich geboren. Die Familie zog 1909 nach Linz um und 1914 nach Breslau. Der Vater trennte sich früh von der Familie und die Mutter verdiente durch Näharbeiten den Unterhalt für sich und ihre drei Kinder. Als die Mutter starb, nahm der Vater die Kinder zu sich.
Paula Ludwig musste früh ihren Lebensunterhalt verdienen als Zimmermädchen und Ateliergehilfin in einer Malerschule. Ihr Wunsch war es, Schauspielerin zu werden. 1917 gebar Paula Ludwig einen unehelichen Sohn. Sie lebte die ersten Jahre mit ihrem Kind in einem Heim für alleinstehende junge Mütter in München. Sie arbeitete weiter als Dienstmädchen, Aktmodell und Souffleuse bei den Münchner Kammerspielen. Dort lernte sie verschiedene Künstler kennen, darunter die Geschwister Klaus Mann und Erika Mann sowie die Dichterin Else Lasker-Schüler, die sie drängten, ihre Gedichte und Zeichnungen zu veröffentlichen. Zeitweilig gelang es Paula Ludwig, ihren Lebensunterhalt durch den Verkauf ihrer Bilder sowie mit kunstgewerblichen Arbeiten zu bestreiten. 1920 veröffentlichte sie ihren ersten Gedichtband *Die selige Spur*.
1923 zog Paula Ludwig nach Berlin. Sie begann eine leidenschaftliche Liebes- und Arbeitsbeziehung mit dem verheirateten deutschfranzösischen Dichter Yvan Goll. Es begann eine sehr produktive schriftstellerische Phase in Paula Ludwigs Leben.
Nach der nationalsozialistischen Machtergreifung 1933 emigrierte Paula Ludwig,nach Tirol. 1938 floh sie, wegen ihres Eintretens für deutsche Juden bedroht, zunächst nach Frankreich und 1940 weiter nach Brasilien, wo ihre Schwester lebte und wo Paula Ludwig dreizehn Jahre im Exil blieb.
Als Paula Ludwig 1953 nach Europa zurückkehrte, war sie gesundheitlich angeschlagen und alkoholabhängig. Sie lebte mittellos und zeitweise obdachlos in Götzis, Düsseldorf und Wetzlar. Paula Ludwig verstarb am 27. Januar 1974 in Darmstadt.

Das Gedicht *An meinen Sohn* ist wohl an ihrem Sohn Friedel gerichtet. Das Spiegelgedicht *Für meine Söhne* ist meinen eigenen beiden Söhnen gewidmet.

Mayröcker, Friedericke (geb. 1924)
Friederike Mayröcker wurde am 20. Dezember 1924 in Wien geboren. Schon mit 15 schrieb sie erste literarische Texte. Nach der Matura legte Mayröcker die Staatsprüfung für Englisch ab und

arbeitete von 1946 bis 1969 als Lehrerin an verschiedenen Wiener Hauptschulen.
Erste Gedichte veröffentlichte Mayröcker 1946 in einer Wiener Literatur-Zeitschrift. 1954 lernte sie den Dichter Ernst Jandl kennen, mit dem sie zunächst eine enge Freundschaft verband. Später wurde sie bis zu seinem Tod im Jahr 2000 zu seiner Lebensgefährtin. 1956 erfolgte die erste Buchveröffentlichung *Larifari: Ein konfuses Buch*. Seitdem folgten weitere Veröffentlichungen von Lyrik, Prosa, Erzählungen, Hörspielen, Kinderbüchern und Bühnentexten.
Im Jahr 1969 ließ Friedericke Mayröcker sich als Lehrerin beurlauben, um sich ausschließlich dem Schreiben zu widmen. Friederike Mayröcker gilt heute als eine der bedeutendsten zeitgenössischen Schriftstellerinnen im deutschen Sprachraum und lebt in Wien.

Das von mir ausgewählte Gedicht *Jalousie* ist eine Miniatur und als solche wenig repräsentativ für die Mayröckersche Lyrik. Aber es ist schon faszinierend, wie es der Mayröcker hier gelingt, die tiefe Verletzbarkeit einer Liebenden mit nur 16 Wörtern zu beschreiben. Ich benötige für mein Spiegelgedicht *Eiserner Vorhang* schon drei Wörter mehr.

Morgenstern, Christian (1871 – 1914)
Christian Morgenstern wurde am 6. Mai 1871 in München als Sohn des Landschaftsmalers Carl Ernst Morgenstern und seiner Ehefrau Charlotte geboren. 1881 starb seine Mutter an Tuberkulose: der 10-jährige Christian hatte sich bei ihr angesteckt und litt zeitlebens an dieser Erkrankung. Nach dem Abitur begann Christian Morgenstern ein Studium der Nationalökonomie in Breslau und München, das er aber aufgrund seiner Tuberkulose-Erkrankung und fehlender finanzieller Unterstützung durch den Vater abbrach.
Morgenstern entschied sich nun, fortan als Schriftsteller zu leben. 1894 zog Morgenstern nach Berlin, wo er eine Anstellung an der Nationalgalerie fand. Er arbeitete als freier Mitarbeiter für verschiedene Zeitschriften. Ein Jahr später wurde sein erster Gedichtzyklus *In Phanta's Schloß* veröffentlicht. Morgenstern arbeitete außerdem als Übersetzer. Er übersetzte aus dem Französischen die autobiografischen Aufzeichnungen von August Strindberg sowie aus dem Norwegischen die Werke Henrik Ibsens. Er bereiste über ein Jahr Norwegen, wo er sowohl Ibsen als auch Edvard Grieg traf. 1900 folgte ein Kuraufenthalt in Davos in der Schweiz. 1905 erschienen seine *Galgenlieder*.

1908 lernte Morgenstern Margareta Gosebruch von Liechtenstern kennen, die er 1910 heiratete. Das Paar ließ sich in Arosa nieder. Trotz der fortschreitenden Erkrankung unternahm das Ehepaar weitere Reisen. Nach einem weiteren Aufenthalt in einem Lungensanatoriun in Bozen zog der sterbenskranke Christian Morgenstern mit seiner Frau in die Villa Helioburg in Meran-Untermais. Hier starb Christian Morgenstern am 31. März 1914.

Das Gedicht *Der Lattenzaun* von Christian Morgenstern darf getrost als ein Klassiker der komischen Lyrik bezeichnet werden. Es ist in vielen Schulbüchern enthalten und musste vermutlich von nicht wenigen Schülern auswendig gelernt werden. Um so wichtiger, dass nun mit dem *Baumhaus* und über hundertjähriger Verspätung eine Fortsetzung folgt, damit die Leser auch erfahren, wie es für den berühmtesten, traurigen Zaun der Literaturgeschichte doch noch ein „happy end" gibt.

Mörike, Eduard (1804 – 1875)
Eduard Mörike wurde am 8. September 1804 als siebtes von dreizehn Kindern des Arztes Karl Friedrich Mörike und seiner Ehefrau, der Pfarrerstochter Charlotte Dorothea, in Ludwigsburg geboren. Nach dem Tod des Vaters 1817 zieht die Familie nach Stuttgart um. Von 1822 bis 1826 absolviert Mörike ein Studium der Theologie am Tübinger Stift. Nach dem Examen folgte eine achtjährige, Mörike stark belastende Vikariatszeit mit vielen wechselnden Stationen. Der zwischenzeitlich unternommene Versuch, als freier Schriftsteller in Stuttgart zu leben, scheiterte.
1834 erhielt Mörike endlich die so lang ersehnte Pfarrstelle in Cleversulzbach. Zusammen mit seiner Mutter und seiner Schwester Klara bezog er das geräumige Pfarrhaus, in dem er bis 1843 lebte. In dieser Zeit entstanden seine ersten Erzählungen sowie die erste Ausgabe seiner *Gedichte* 1838.
1843 wurde Mörike krankheitsbedingt auf eigenen Wunsch pensioniert und begab sich in den finanziell kaum abgesicherten Ruhestand. Ein Jahr später zogen Mörike und seine Schwester nach Bad Mergentheim. Dort lernte Mörike die 26jährige Margarethe von Speeth kennen, die er 1851 heiratete. Die konfessionsverschiedene Ehe zu der jungen Frau, der zwei Töchter entsprangen, war wenig glücklich. Die Familie zog nach Stuttgart, wo Mörikes späte Prosawerke entstanden.
1852 verlieh ihm die Universität Tübingen die Ehrendoktorwürde. Mörikes machte Bekanntschaft mit Schriftsteller wie Storm, Heyse, Geibel und Turgenjew. Die letzten Lebensjahre Mörikes waren

von Geldsorgen und häufigen Wohnungswechseln geprägt. Eduard Mörike starb am 4. Juni 1875 in Stuttgart.

Der *Septembermorgen* ist ein berühmtes Naturgedicht Mörikes, das Eingang in viele Anthologien gefunden hat. Mein Spiegelgedicht *Novembermorgen* dagegen bezieht sich auf die Immobilien- und Finanzkrise 2007, auf deren Höhepunkt die US-Großbank Lehman Brothers im September 2007 zusammenbrach und die auch zusammenfiel mit einer globalen Lebensmittelpreiskrise, in deren Verlauf sich die Preise für Reis, Mais und Weizen verdreifachten und es in verschiedenen Ländern des Südens wie z.B. Haiti zu Hungerunruhen kam.

Müller, Inge (1925 – 1966)
Ingeborg Müller wurde am 13. März 1925 als Ingeborg Meyer in Berlin geboren, wo sie die meiste Zeit ihres Lebens verbrachte. Nach Abschluss der Handelsschule wurde sie im Reichsarbeitsdienst und als Luftwaffenhelferin eingesetzt. Bei einem Luftangriff April 1945 starben ihre Eltern, Inge Müller selbst lag drei Tage lang zusammen mit einem Hund unter den Trümmern verschüttet.
In der Nachkriegszeit war sie als Sekretärin, Trümmerfrau, Arbeiterin, Journalistin und Volkskorrespondentin tätig. Eine erste Ehe, aus der ihr Sohn hervorging, währte nur kurz. Auch die zweite Ehe 1948 mit Herbert Schwenkner, dem Leiter des Berliner Friedrichspalastes und späteren Leiter des Zirkus Busch, scheiterte.
1953 wird Inge Müller Mitglied der SED. Im gleichen Jahr lernte Inge Müller den damals mittellosen Dramatiker Heiner Müller kennen, den sie 1955 heiratete. Beide wohnten und arbeiteten zusammen als freischaffende Schriftsteller. Inge Müllers Traum von der Arbeitsgemeinschaft auf Augenhöhe hielt allerdings nicht lange. Zu offenkundig stand sie im Schatten ihres Mannes, der sie eher als Mitarbeiterin denn als gleichberechtigte Partnerin betrachtete.
1965 wurde einige ihrer Gedichte im Almanach des Aufbau-Verlages veröffentlicht. Nach mehreren Selbstmordversuchen starb Inge Müller am 1. Juni 1966 durch Medikamenteneinnahme und eine Gasvergiftung in ihrer Wohnung in Berlin. Der Aufbau Verlag bemühte sich nach ihrem Tod vergeblich, in der DDR einen Band mit ihren Gedichten herauszugeben. Erst 1985 erschien in der Bundesrepublik mit dem Band *Wenn ich schon sterben muß* eine Auswahl ihrer Gedichte.

Das von mir ausgewählte Gedicht *Liebe 45* beschreibt eine surreal wirkende Liebesnacht vor dem Hintergrund der Berliner Bombennächte und dem nahenden Kriegsende. Dem gegenübergestellt habe ich in meinem Spiegelgedicht *Liebe 1989* eine Liebesbeziehung vor dem Hintergrund des Berliner Mauerfalls.

Nick, Dagmar (geboren1926)
Dagmar Nick wurde am 30. Mai 1926 als Tochter des Komponisten und Musikkritikers Edmund Nick und der Konzertsängerin Käte Nick-Jaenicke in Breslau Niederschlesien geboren. 1933 übersiedelte die Familie nach Berlin. 1944 wurde sie ins Sudetenland evakuiert. Im Frühjahr 1945 floh sie vor dem Vormarsch der Roten Armee nach Bayern. Nach dem Krieg studierte Nick in München Psychologie und Graphologie. Seither lebt und arbeitet Dagmar Nick in München, unterbrochen nur durch einen vierjährigen Israel-Aufenthalt in den 1960er-Jahren.
1948 erschien ihr erster Lyrikband *Märtyrer*, der mit dem Liliencron-Preis der Stadt Hamburg ausgezeichnet wurde. Es folgten neun weitere Gedichtbände und acht Prosa-Veröffentlichungen, sowie mehrere poetische Reisebücher. Ihr bekanntestes Hörspiel *Die Flucht* 1959 wurde in drei Fremdsprachen übersetzt. Ihre Auseinandersetzung mit einer der großen weiblichen Figuren der griechischen Antike erschien 1988 unter dem Titel *Medea, ein Monolog*. Weitere Werke folgten in den Folgejahren. Dagmar Nick hat für ihr Werk zahlreiche Literaturauszeichnungen erhalten.

Das Gedicht *Sterben* ist ein Beispiel für freie, d.h. nicht an traditionelle Reimfolgen und Metrik gebundene Lyrik. Wie entsteht trotzdem der Eindruck eines in sich geschlossenen, stimmigen Gedichts? Ich suche in der Analyse eines solchen Gedichts mit Hilfe farbiger Textmarker (natürlich nicht im Original!) nach akustischen Korrespondenzen (d.h. ähnlich klingenden Beziehungen zwischen einzelnen Wörtern): Hier finden sich z.B. folgende akustische Korrespondenzen: (W)**eg**, un(w)**äg**bar, Str**äng**e, (W)**elt**, K**ält**e und h**alt**en, entl**ass**en, F**arb**en, Puls**ar**, versch**att**et, betr**at**est und Ex**plos**ionen, **Puls**are und Str**äng**e, **St**imme, **St**ernschneise sowie **W**eg, **W**iederkehr.
In meinem Spiegelgedicht *Suche* verwende ich ebenfalls akustische Korrespondenzen (***Un**endlichkeit*, ***Un**iversum* und ***R**and*, ***R**aum* etc.) und erziele damit eine dem Original ähnliche Wirkung.

Nitzberg, Alexander (geb. 1969)
Alexander Nitzberg wurde am 29. September 1969 in Moskau als Sohn einer Künstlerfamilie geboren. Die Mutter war Schauspielerin, der Vater Maler und Bildhauer. 1980 reiste die Familie nach

Deutschland aus.
Nitzberg studierte Klavier, Viola, Komposition und Dirigieren in Dortmund, später Germanistik und Philosophie an der Düsseldorfer Heine-Universität. Heute lebt als freier Schriftsteller, Übersetzer, Publizist, Librettist und Rezitator in Wien.
Nitzberg hat inzwischen vier eigene Lyrikbände *Getrocknete Ohren* 1996, *Im Anfang war mein Wort* 1998, *„Na also!" sprach Zarathustra* 2000 und *Farbenklavier* 2012 veröffentlicht. Daneben hat er sich Verdienste durch Übersetzungen und Nachdichtungen von russischen Autoren wie Puschkin, Poplawski, Achmatowa, Majakowski, Brodsky und Charms erworben.

Kurzgedichte zu unbelebten Gegenständen haben in der Lyrik eine lange Tradition. Das berühmteste deutschsprachige Gedicht ist wohl Conrad Ferdinand Meyers *Der römische Brunnen*. Der *Regenschirm* Alexander Nitzbergs knüpft an diese Vorbilder gegenständlicher Lyrik an, allerdings mit leicht ironischem Unterton. Mein Spiegelgedicht *Einkaufswagen* kommt dem Gegenstand entsprechend recht trivial daher gerollt.

Novak, Helga M. (geb. 1935)
Helga M. Novak wurde am 8. September 1935 geboren und von ihrer Mutter in einem Kinderheim in Berlin-Köpenick abgegeben. Helga wuchs bei Adoptiveltern auf. Sie trat gegen den Willen der Eltern in die FDJ ein und besuchte ein staatliches Internat in der Nähe von Berlin. Nach dem Abitur 1954 studierte Helga Novak Journalistik und Philosophie in Leipzig und arbeitete als Monteurin, Laborantin und Buchhändlerin.
1961 heiratete Helga M. Novak einen Isländer und zog nach Island. Sie nahm die isländische Staatsangehörigkeit und einen neuen Namen an: Maria Karlsdottir. Aus der später geschiedenen Ehe gingen zwei Kinder hervor. Novak arbeitete zeitweise in einer Fischfabrik und in einer Teppichweberei. In Island entstand auch ihr erster Gedichtband *Ostdeutsch*, der 1965 unter dem Titel *Ballade von der reisenden Anna* in der Bundesrepublik erschien.
1965 kehrte Helga Novak in die DDR zurück. Sie studierte am Literaturinstitut Johannes R. Becher in Leipzig. 1966 wurde ihr wegen des Verteilens selbst vervielfältigter, regimekritischer Texte die DDR-Staatsbürgerschaft aberkannt. Über Island gelangte sie 1967 in die Bundesrepublik, lebte aber zeitweilig auch in Jugoslawien, Portugal und Polen. Helga Novak verstirbt am 24.12.2013 in Rüdersdorf.

Helga M. Novak ist vor allem für ihre Lyrik mit vielen Literaturpreisen geehrt worden. Daneben hat sie aber auch Prosa verfasst, unter anderem die beiden autobiografischen Romane *Die Eisheiligen* und *Vogel federlos*, sowie eine große Anzahl von Hörspielen. Ihre zahlreichen Lyrikbände wurden 1999 als Sammelband mit dem Titel *Solange noch Liebesbriefe eintreffen* veröffentlicht.

Das Gedicht *Krebse im Flakensee* beschreibt Jugendliche bei der eifrigen Krebsjagd im See vielleicht während eines Schulausfluges oder eines Zeltlagers der FDJ („Fahnenrot"). Das Gedicht habe ich nicht zuletzt deshalb ausgesucht, weil eine Freundin von mir einige Jahre am Flakensee in Erkner bei Berlin wohnte. Mein Spiegelgedicht *Krabben aus Friedrichskoog* thematisiert eine andere Untergattung der Krebse sowie Familienerinnerungen vom Bauernhof meines Onkels in Dithmarschen.

Novalis, alias Friedrich von Hardenberg (1772 – 1801)
Friedrich von Hardenberg wurde am 2. Mai 1772 auf dem Gut Oberwiederstedt in der Grafschaft Mansfeld/Kursachsen als zweites von elf Kindern des Gutsbesitzers und Salinendirektors Heinrich Ulrich Erasmus Freiherr von Hardenberg geboren. Auf dem Gut verbrachte Novalis seine Kindheit und Jugend. Hier entstanden seine Jugendgedichte.
Ab 1790 studierte Friedrich von Hardenberg in Jena, Leipzig und Wittenberg Jura. 1794 trat Friedrich von Hardenberg zunächst eine Stelle als Schreiber bei einem Kreisamtmann an. Ein Jahr später verlobte er sich mit der zwölfjährigen Sophie von Kühn, die aber schwer erkrankte und 1797 im Alter von nur fünfzehn Jahren starb.
1796 trat Friedrich von Hardenberg der Familientradition folgend eine Stellung in der Salinendirektion Weißenfels/ Saale an. Im folgenden Jahr begann er an der Bergakademie in Freiberg ein Studium der Bergwerkskunde, Mathematik und Chemie.
1798 erschienen Friedrich von Hardenbergs erste literarische Fragmente unter dem Titel *Blüthenstaub* unter der erstmaligen Verwendung des Pseudonyms Novalis im „Athenaeum", der Zeitschrift der Frühromantiker Friedrich und August Wilhelm Schlegel.
Seine zweite Verlobung ging Novalis im Dezember 1798 mit Julie von Charpentier ein. Im Jahr 1800 wurde Friedrich zum Supernumerar-Amtshauptmann des Thüringischen Kreises ernannt, eine Stellung, die mit der eines heutigen Landrates vergleichbar ist.
Am 25. März 1801 um 13 Uhr starb der erst 29-jährige Friedrich von Hardenberg in Weißenfels an einem Blutsturz infolge einer

Tuberkulose. Ein Großteil seiner Werke wurde erst posthum durch die Freunde Ludwig Tieck und Friedrich Schlegel veröffentlicht.

Das ausgewählte Gedicht mit dem Anfangsvers *Getrost das Leben schreitet* ist ein Auszug aus dem Gedichtzyklus *Hymnen an die Nacht* 1800, dem einzigen größeren noch zu Lebzeiten Novalis veröffentlichten Werk Novalis' und beglückt den Leser mit einer euphorischen Vision der Überwindung des Todes und der Auferstehung zum ewigen Leben.

Mein Spiegelgedicht *Utopia ist vergangen* dagegen handelt von der Ernüchterung und Depression, die dem Scheitern einer säkularen Befreiungsutopie folgte, nämlich dem Aufstieg und Niedergang des kommunistischen Gesellschaftsversuches 1848 bis 1991.

Oliver, José Francisco Agüera (geb. 1961)
José F. A. Oliver wurde am 20. Juli 1961 als Sohn einer spanischen Gastarbeiterfamilie geboren, die ein Jahr zuvor aus Málaga in die Bundesrepublik Deutschland gekommen war. Er wuchs mit Deutsch und Spanisch auf und ist außerdem mit dem alemannischen Dialekt des Schwarzwaldes vertraut. Nach dem Abitur studierte José F. A. Oliver Romanistik, Germanistik und Philosophie an der Universität Freiburg im Breisgau.

Seit den 80er Jahren lebt Jose F. A. Oliver als freier Schriftsteller in seiner Heimatstadt Hausach, unterbrochen von Auslandsaufenthalten in der Schweiz, Spanien, Ägypten, Peru und den USA. Er ist Verfasser von Gedichten, Kurzprosa und Essays zu kulturpolitischen Themen.

Oliver ist Kurator des 1998 von ihm ins Leben gerufenen Literaturfestes *Hausacher LeseLenz*. Gemeinsam mit dem Literaturhaus Stuttgart hat er Schreibwerkstätten für Schulen entwickelt.

Wie viele zeitgenössische Lyriker hat auch José F. A. Oliver seinen eigenen unverwechselbaren lyrischen Stil entwickelt, der schwer zugänglich dem Leser ein hohes Maß an Analysearbeit abverlangt. Das von mir ausgewählte Gedicht *amour en passant* ist eine Miniatur, deren überzeugend einfache Form (u.a. die Häufung von Stabreimen mit dem Anlaut „sch") sich für mein Spiegelgedicht *lost love* geradezu anbot.

Özdemir, Hasan (geb. 1963)
Der am 1. Juli 1963 in Sorgun in der Türkei geborene Hasan Özdemir kam als Jugendlicher nach Deutschland und lebt seit 1979 in

Ludwigshafen. Er studierte an der Universität Heidelberg Germanistik, Philosophie und Deutsch als Fremdsprachenphilologie.
1989 veröffentliche Özdemir seinen ersten Gedichtband *Was soll es sein*. Weitere sechs Bände mit Erzählungen und Gedichten sowie ein Theaterstück *Der Proband* folgten. Seine Gedichte wurden bereits ins Englische, Französische, Polnische, und im Rahmen des Poesiefestivals in Parma Florenz, auch ins Italienische übersetzt.

Das von mir ausgewählte Gedicht *umbruch* benutzt einen gestimmten Naturraum (Mondlicht, Wasser, Himmel, Regen) zur Beschreibung des emotionalen Innenlebens des lyrischen Ichs. Auch ich gestalte in meinem Spiegelgedicht *anfang* ein schon oft in der Lyrik verwendetes Motiv neu, den Regenbogen.

Poschmann, Marion (geb. 1969)
Marion Poschmann wurde am 15. Dezember 1969 in Essen geboren. Von 1989 bis 1995 studierte sie Germanistik, Philosophie und Slawistik, zunächst in Bonn und später in Berlin, dazu noch Szenisches Schreiben an der Berliner Hochschule der Künste. Von 1997 bis 2003 unterrichtete sie Deutsch im Rahmen des deutschpolnischen Grundschulprojekts "Spotkanie heißt Begegnung".
2002 erschien ihr erster Roman *Baden bei Gewitter*, im gleichen Jahr folgte auch ihr erster Gedichtband *Verschlossene Kammern*. In den nächsten Jahren folgten ein weiterer Roman, eine Novelle sowie zwei weitere Gedichtbände *Grund zu Schafen* 2004 und *Geistersehen* 2010. Marion Poschmann lebt heute als freie Schriftstellerin in Berlin.

Marion Poschmanns Gedicht *Umspannwerk Ost* ist ein Naturgedicht, obwohl es sich bei der beschriebenen Landschaft offensichtlich nicht um eine Idylle handelt, sondern um eine postindustrielle Kulturlandschaft mit überwucherten Bahngleisen, überirdisch verlaufenden Rohrleitungen und verwaisten Schornsteinen. Mein Spiegelgedicht *drive-in-netherlands* geht auf eine traumatische Urlaubsreise zurück, bei der ich ich wegen eines fehlenden britischen Visums meiner Ehefrau die Strecke von Bremen zur Englandfähre nach Hoek van Holland in nur vier Tagen dreimal fahren musste.

Reinig, Christa (06.08.1926 – 2008)
Christa Reinig wurde am 6. August 1926 als uneheliche Tochter einer alleinerziehenden Putzfrau geboren. Sie wuchs in ärmlichen Verhältnissen im Osten Berlins auf. Im Zweiten Weltkrieg war sie

Fabrikarbeiterin und anschließend Trümmerfrau und Blumenbinderin. Bereits zu dieser Zeit fing Reinig zu schreiben an.
Von 1950 bis 1953 erwarb Christa Reinig ihr Abitur an der Arbeiter- und Bauern-Fakultät der Humboldt-Universität zu Berlin. Danach absolvierte sie dort ein Studium der Kunstgeschichte und Archäologie und arbeitete anschließend als wissenschaftliche *Assistentin* und Kustodin am Märkischen Museum.
Neben Studium und Berufstätigkeit war Christa Reinig als Schriftstellerin tätig. Sie war Mitarbeiterin der Ostberliner satirischen Zeitschrift „Eulenspiegel". Doch schon 1951 erging aufgrund ihrer nonkonformistischen Haltung ein Publikationsverbot der DDR-Behörden gegen sie, so dass ihre Werke anschließend nur noch in westdeutschen Verlagen erschienen.
Kurz nach dem Tod ihrer Mutter kehrte sie 1964 von einer Reise zur Entgegennahme des Bremer Literaturpreises nicht wieder in die DDR zurück. Seitdem lebte sie in München.
Christa Reinig arbeitete auch im Westen als Autorin weiter und schrieb balladenhafte Gedichte, aber auch Liebeslyrik, Prosa und Hörspiele. Nachdem sie sich in den Siebzigerjahren öffentlich zu ihrer lesbischen Orientierung bekannt hatte, stand der Feminismus in ihrem Werk im Vordergrund, häufig durchsetzt mit Satire und schwarzem Humor. Christa Reinig litt an Morbus Bechterew; sie starb am 30.September 2008 in einem Münchner Pflegeheim der Diakonie.

Das von mir ausgewählte Gedicht *Verwandlung* ist trotz seiner klassischen metrischen und gereimten Struktur in der Mehrdeutigkeit seiner Aussagen auch ein Beispiel für die ambivalenten Leseanforderungen moderner Lyrik. Mein Spiegelgedicht *Durchdringung* befasst sich mit der Frage nach der Wirklichkeit, Allmacht oder Ohnmacht Gottes.

Ringelnatz, Joachim (1883 – 1934)
Joachim Ringelnatz kam am 7. August 1883 als Hans Bötticher in Wurzen als Sohn eines Chefmusterzeichners zur Welt. Nach einer eigentlich harmlosen Jugendeskapade wurde Hans Bötticher vom Gymnasium auf eine Erziehungsanstalt strafversetzt. 1901 ging der lang gehegte Traum von der Seefahrt in Erfüllung. Als Schiffsjunge auf einem Segelschiff bereiste Hans Bötticher Venedig, Konstantinopel, Liverpool, Rio de Janeiro und viele andere Städte. Eine nachfolgende Kaufmannslehre in Hamburg brach er ab und begab sich als Straßenmusiker auf Reisen.

1909 kam Hans Bötticher nach München, wo er im Künstlerlokal „*Simpl*" die Münchener Boheme kennenlernte. Hier trug er allabendlich seine Verse vor. In Zeitschriften veröffentlichte Hans Bötticher unter verschiedenen Pseudonymen erste Gedichte und Novellen.
Bei Ausbruch des Ersten Weltkrieges meldete sich der 31-jährige Bötticher als Freiwilliger zur Kriegsmarine und erlebte den schikanierenden Alltag auf einem Minensuchboot.
In der Nachkriegszeit entstanden u.a. die berühmten Poeme über den Matrosen *Kuttel Daddeldu* unter dem neuen Pseudonym Joachim Ringelnatz. Seine Karriere als Vortragskünstler begann in der Berliner Kleinkunstbühne „Schall und Rauch". 1920 heiratete Ringelnatz die 15 Jahre jüngere Lehrerin Leonharda Pieper, mit der er nach München zog. Mit dem Vortragen seiner Gedichte trug Ringelnatz als reisender Artist in den 20er Jahren zu dem äußerst knappen Lebensunterhalt des Paares bei.
Joachim Ringelnatz schrieb Gedichtbände, Romane, Bühnenstücke und Kinderbücher. Er nahm mehrere Schallplatten mit Gedichten auf und trat auch im Radio auf. In den 20er Jahren schuf Ringelnatz als Maler auch eine größere Anzahl von Bildern. 1923 fand eine erste Ringelnatz-Ausstellung in Berlin statt.
Mit dem Machtantritt der Nationalsozialisten 1933 erhielt Ringelnatz Bühnenverbot. Am 17. November 1934 starb Joachim Ringelnatz schwer lungenkrank in seiner Berliner Wohnung.

Ähnliche Geheimsprachen, wie die von Ringelnatz in seinem *Gedicht in Bi-Sprache* verwendete, hat wohl jeder schon als Kind mit seinen Freunden ausprobiert. Es erfordert einige Übung, sich in einer solchen Geheimsprache zu verständigen. Mein *Gedicht in To-Sprache* verwendet die gleiche Verschlüsselungstechnik und hält sich auch in Vers- und Reimmaß exakt an das Ringelnatzsche Original, so dass es für in Knobeleien geübte Leser nicht allzu schwierig sein dürfte, beide Gedichte zu dechiffrieren.

Rühmkorf, Peter (1929 – 2008)
Peter Rühmkorf wurde am 25. Oktober 1929 in Dortmund geboren und wuchs als nichtehelicher Sohn der Lehrerin Elisabeth Rühmkorf, einer Pastorentochter, in Warstade bei Stade auf.
Nach dem Abitur studierte Peter Rühmkorf in Hamburg zunächst Pädagogik und Kunstgeschichte, später Germanistik und Psychologie.
Zusammen mit dem Lyriker und Essayisten Werner Riegel gab er von 1951 bis zu dessen Tod 1956 die Literaturzeitschrift „Zwischen

den Kriegen" heraus. Rühmkorf war außerdem einer der Gründer und Hauptautoren des „Studentenkuriers" und der Folge-Zeitschrift „konkret". 1958 begann Rühmkorf als Verlagslektor zu arbeiten. 1964 heiratete Peter Rühmkorf die Psychologin Eva-Marie Titze. Seitdem lebte und arbeitete er in Hamburg als freier Schriftsteller und Dichter. Seine Lyrik ist geprägt durch vieldeutige und überraschende Wortspiele und -witze, Reime, Bilder und Gedankenakrobatik. Rühmkorf trug seine Gedichte auch öffentlich vor, mitunter mit Jazz-Begleitung.
Peter Rühmkorf starb am 8. Juni 2008 im Alter von 78 Jahren an Krebs.

Das von mir ausgewählte Gedicht *formal nicht zu fassen* von Peter Rühmkorf könnte man als Metagedicht bezeichnen, d.h. als ein Gedicht über die Schwierigkeit zu dichten. Mein Spiegelgedicht *Lyrische Kollage* ist eine lyrische Spielerei in Anlehnung an Peter Rühmkorf. In Collagetechnik werden Verse aus verschiedenen Jahrhunderten zusammengefügt [2].

Sachs, Nelly (1891 – 1970)
Nelly Sachs, eigentlich Leonie Sachs, wird am 10. Dezember 1891 als einziges Kind des jüdischen Fabrikanten William Sachs und seiner Frau Margarete in Berlin-Schöneberg geboren. Nelly kommt durch den Besitz der väterlichen Bibliothek sehr früh mit den deutschen Klassikern in Berührung und beginnt mit 17 Jahren ihre ersten Gedichte im Stil des literarischen Impressionismus zu schreiben.
1921 erschien mit Unterstützung des Schriftstellers Stefan Zweig Nelly Sachs' erster Gedichtband unter dem Titel *Legenden und Erzählungen*. Nelly Sachs selbst blieb als Literatin während der Weimarer Republik auch in Kreisen der Berliner Literaturszene weitgehend unbekannt. 1930 starb nach jahrelanger Krebserkrankung der Vater.

---

[2] 1. Strophe: Verse 1+2 unbek. Verfasser um 1300 (Bd.2, S.13), Verse 3+4 Heinrich Laufenberg um 1400 (Bd.2, S.225), Verse 5+6 unbek. Verfasser um 1200 (Bd.1, S.50); 2. Strophe: Verse 1+2 unbek. Verfasser 1549 (Bd.3, S.161), Verse 3+4 Euricus Cordus 1520 (Bd.3, S.53), Verse 5+6 unbek. Verfasser 1602 (Bd.4, S.19); 3. Strophe: Verse 1+2 Friedrich Wilhelm Gotter 1770 (Bd.6, S.15), Verse 3+4 Wilhelm Heinse 1771 (Bd.6, S.25), Verse 5+6 Eduard Mörike 1832 (Bd.8, 27); 4. Strophe: Verse 1+2 Frank Wedekind 1903 (Bd.9, 50), Verse 3+4 Stefan George 1904 (Bd.9, S.57), Verse 5+6 Peter Rühmkorf 2000. Alle Quellenangaben: Killy, W. (Hrsg.): Deutsche Lyrik von Anfängen bis zur Gegenwart. München 2001.

Nach der nationalsozialistischen Machtübernahme 1933 lebten Tochter und Mutter möglichst unauffällig und zurückgezogen. Trotzdem wurde Nelly Sachs wiederholt zu Gestapo-Verhören einbestellt und die Wohnung von SA-Leuten geplündert. Zunehmend setzte sich Nelly Sachs in ihren Werken jetzt mit ihren jüdischen Wurzeln, dem Chassidismus und der Kabbala, auseinander. Erst spät 1940 entschließt sich Nelly Sachs zusammen mit ihrer Mutter und durch Hilfe der schwedischen Schriftstellerin Selma Lagerlöf nach Schweden zu emigrieren, wo sie sie bis zu ihrem Lebensende lebte und die Tragödie des jüdischen Holocausts literarisch verarbeitete.
1950 stirbt Nellys Mutter. 1960 erhält sie den Meersburger Drostepreis und kehrt anlässlich der Preisverleihung das erste Mal nach Deutschland zurück, ein Besuch, der frühere Traumata wieder aufbrechen lässt und sie nach der Rückkehr nach Schweden zu längeren Aufenthalten in einer Nervenheilanstalt zwingt.
Im Jahr 1965 erscheint Nelly Sachs' Lyrikband *Späte Gedichte* und noch im selben Jahr erhält sie den Friedenspreis des Deutschen Buchhandel sowie ein Jahr später gemeinsam mit dem israelischen Schriftsteller Samuel Josef Agnon den Nobelpreis für Literatur.
Am 12. Mai 1970 starb Nelly Sachs in einem Stockholmer Krankenhaus an einer Krebserkrankung.

In dem Gedicht *Wenn ich nur wüsste* verarbeitet Nelly Sachs den schmerzhaften Verlust des von ihr geliebten Mannes, einer heimlichen Liebesbeziehung zu einem geschiedenen, namentlich unbekannten Mann, der vermutlich mit ihr von der Gestapo verhaftet wurde und später in einem der deutschen Konzentrationslager ums Leben kam. Mein Spiegelgedicht *das blutende Wort* bezieht sich auf die tragische Rückkehr von Nelly Sachs nach Deutschland 1960 („ins Land der Messer") und ihr Lebensende im Stockholmer Exil.

Schrott, Raoul (geb. 1964)
Raoul Schrott wurde am 17. Januar 1964 nach eigenen Angaben auf einer Schiffsreise nach Brasilien geboren und wuchs als Sohn eines österreichischen Außenhandelsvertreters in Landeck, Tunis und Zürich auf. Schrott studierte Literatur- und Sprachwissenschaft in Norwich, Paris, Berlin und Innsbruck und promovierte 1988 mit einer Dissertation zum Thema Dadaismus.
Von 1986 bis 1987 war er zudem als Sekretär des französischen Surrealisten und Autors Philippe Soupault tätig. Von 1990 bis 1993 war er Lektor für Germanistik am *Instituto Orientale* in Neapel. 1996 habilitierte er an der Universität Innsbruck. Danach lebte und

arbeitete er mehrere Jahre in der irischen Grafschaft Cork. 2007 zog er zurück nach Tirol.
Schrotts literarisches Werk umfasst viele Genres: Romane, Erzählungen, Novellen sowie die Gedichtbände *Hotels* 1997 und *Tropen. Über das Erhabene* 1998. Außerdem veröffentlichte Schrott Anthologien, Dramen, Essays, Reiseprosa und Übersetzungen. 1999 hat Schrott das altgriechische Drama *Bakchen* ins Deutsche übertragen sowie das babylonisch-akkadische *Gilgamesch-Epos*. 2008 legte Schrott eine Neuübersetzung von Homers *Ilias* vor.

Raoul Schrott kann vielleicht als der gelehrteste Lyriker (als poeta doctus) unter den zeitgenössischen Lyrikern bezeichnet werden. Trotzdem oder vielleicht deswegen ist sein lyrisches Werk normalsterblichen, nur halbgebildeten Lesern wie mir nur schwer zugänglich. Für das von mir ausgewählte Gedicht mit dem Anfangsvers *eine egge für den regen ein* gilt das nicht. Es beschreibt leicht erkennbar eine walisische, landwirtschaftlich genutzte Ackerlandschaft in ihrer typischen rechteckigen Form. Mein Spiegelgedicht *lange furchen, sanftes schaukeln* greift die äußere visuelle Form auf und gestaltet eigene Jugenderinnerungen vom Bauernhof meines Onkels.

Schultens, Katharina (geb. 1980)
Katharina Schultens wurde 1980 in Kirchen geboren und wuchs in Betzdorf bei Altenkirchen auf. Nach dem Abitur studierte sie Kreatives Schreibens und Kulturjournalismus an der Universität Hildesheim und setzte ihr Studium an der Washington University in St. Louis sowie an der Università di Bologna fort.
Katharina Schultens erster Lyrikband *Aufbrüche. Gedichte* erschien 2004. Einzelne Gedichte von ihr wurden zuvor in Anthologien aufgenommen.

Katharina Schultens Gedichte haben, so vermute ich, immer einen stark autobiografischen Bezug. Beim Lesen ihres Gedichtes *am Abend* entstanden bei mir aus freien Assoziationen zu den Wörter „Straße", „schreiben", „schlagen", „Glas" die ersten Ideen zu meinem Spiegelgedicht *am Morgen*.

Schwarz, Sibylla (1621 – 1638)
„Wen die Götter lieben, den lassen sie jung sterben." Das trifft wohl auf die Greifswalder Dichterin Sibylla Schwarz zu, die erst siebzehn Jahre alt war, als sie am 31. Juli 1638 an einer Darminfektion verstarb.

Sibylla Schwarz wurde am 14. Februar 1621 geboren und wuchs als Tochter des Greifswalder Bürgermeisters Christian Schwarz auf. Durch eine gelehrte Privaterziehung gefördert begann sie schon im Alter von zehn Jahren mit dem Schreiben von Gedichten, meistens zu den damals üblichen Geburts-, Hochzeits- und Begräbnisanlässen. Sibyllas Schwarz' jugendliche Lyrik entstand vor dem Hintergrund des Dreizigjährigen Krieges von 1618 bis 1648, von dem die junge Dichterin weder Anfang noch Ende miterlebte.

Auch das von von mir ausgewählte *Lied*, vordergründig natürlich das Liebesgedicht eines unglücklich verliebten Mädchens, verweist in seiner existenzialistischen Schmerzhaftigkeit auf den Kontext des schrecklichen Krieges. Dass die junge Dichterin die große Liebe, die sie so intensiv gefühlt und so kunstvoll bedichtet hat, selbst nicht mehr erleben durfte, ist eine persönliche Tragödie am Rande der großen Tragödie des Krieges, die mein Spiegelgedicht *Klagelied der Sibylla Schwarz* aufgreift.

Singh, Rajvinder (geb. 1956)
Rajvinder Singh wurde am 4. Januar 1956 als ältester Sohn einer wohlsituierten Familie in Kapurthala Punjab Indien geboren. Sein Vater warf ihn mit 16 Jahren aus dem Haus, weil er Schriftsteller werden wollte, anstatt Medizin zu studieren. Rajvinder wohnte fortan in einem Studentenwohnheim und arbeitete zunächst nachts in einer Viehfutterfabrik. Später mit Hilfe eines Professors übersetzte Rajvinder russische Bücher aus dem Englischen ins Punjabi und finanzierte so sein Studium.
1972 begann Rajvinder Singh am Rhandir College der Universität in Amritsar Politische Ökonomie, Mathematik und englische Philologie zu studieren. 1976 wurde er wegen studentischer Aktivitäten für die Rechte Unterprivilegierter inhaftiert und aus dem Bundesstaat Punjab ausgewiesen.
1980 kam Rajvinder Singh nach Europa und lebt seit 1981 in Berlin. Er lernte Deutsch und begann ein Studium der Anglistik und allgemeinen Sprachwissenschaft an der Technischen Universität Berlin.
Rajvinder Singh hat seine Werke in verschiedenen Sprachen veröffentlicht: Lyrik und Kurzgeschichten in seiner Muttersprache Panjabi, Gedichte auf Englisch sowie neun verschiedene Lyrikbände auf Deutsch, u.a. *Unter Bäumen über Bäume* 2007 und *Wörterwehen, 2010*. Neben seiner freiberuflichen Autorentätigkeit arbeitete Rajvinder Singh auch als deutschsprachiger Synchronsprecher für diverse Hollywood-Kinoproduktionen. Rajvinder

Singh ist verheiratet mit der indischen Malerin Jyotika Sehgal.

Das Gedicht *Eindringliche Absichten* ist ein ausgezeichnetes Beispiel für die sublime deutschsprachige Lyrik von Rajvinder Singh, der hier ein erotisches Gedicht in einer zugleich sinnlichen wie auch spirituellen Poesie präsentiert. Mein Spiegelgedicht *Tiefe Einsichten* dagegen beschreibt männliche Sinnlichkeit und Spiritualität in einer weit weniger subtilen Situation.

Stoecklin, Franzisca (1884 – 1931)
Franzisca Stoecklin wurde am 11. September 1894 in Basel als Tochter des Kaufmanns Johann Stocklin und seiner Ehefrau Genovefa geboren. Schon früh wollte sie der kleinbürgerlichen Enge des Elternhauses entfliehen und strebte ein Leben als Künstlerin an. Nach dem Besuch der Allgemeinen Gewerbeschule in Basel verließ Franzisca Stoecklin das Elternhaus und begann ein bohèmehaftes Leben. 1914 reiste sie nach München, wo sie u.a. Johannes R. Becher, Hugo Ball und Emmy Hennings kennenlernte. Bei Kriegsausbruch kehrte sie in die Schweiz zurück. 1920 heiratete Franzisca Stoecklin Harry Betz, einen Buchhandelsgehilfen aus Zürich. Trotz finanzieller Schwierigkeiten unternahm das Paar häufig Reisen, u.a. nach Berlin, München, Paris und Italien.
Francisca Stoecklin veröffentlichte zwei Gedichtbände *Gedichte,* 1920 und *Die singende Muschel* 1925 sowie Novellen und Prosadichtungen. Daneben war sie auch als Malerin und Lithographin tätig und präsentierte ihr Werke auf Ausstellungen; ihre bevorzugten Motive waren Tänzerinnen, Gaukler, Blumen und Vögel.
1928 trennte sich Franzisca Stoecklin von ihrem Mann. Schon längere Zeit schwer herzleidend starb Franzisca Stoecklin am 1. September 1931 in einem Spital in in Basel.

Im Kern des Gedicht *Die singende Muschel* steht ein Gegenstand, der als Topos für die Sehnsüchte der Kindheit steht. Früh hatte ich dieses Gedicht ausgewählt, aber lange gelang es mir nicht, einen analogen Gegenstand zu finden. Erst als ich in einem Kunstband zufällig auf Picassos „Les Demoiselles d'Avignon" stieß, kam mir die passende Idee für mein Spiegelgedicht: *Die afrikanische Maske.*

Trakl, Georg (1887 – 1914)
Georg Trakl wurde am 3. Februar 1887 als fünftes von insgesamt sieben Kindern in Salzburg geboren. Der Vater besaß eine

Eisenwarenhandlung. Die Mutter, tschechischer Abstammung, hatte ein schwieriges Verhältnis zu ihren Kindern und war drogenabhängig, obwohl sie nach außen das Leben einer normalen Bürgersfrau führte. Zu seiner viereinhalb Jahre jüngeren Schwester Margarethe, genannt Gretl, entwickelte Trakl eine innige Beziehung, die in vielen Biographien für inzestuös gehalten wird. Schon früh unternahm Trakl erste literarische Versuche. Er beendete seine Schullaufbahn ohne Matura (Abitur) und begann ein dreijähriges Praktikum in einer Salzburger Apotheke.
1906 wurden Trakls Theaterstücke *Totentag* und *Fata Morgana* erstmals am Salzburger Stadttheater aufgeführt und fanden wenig Anklang beim Publikum. 1908 begann Trakl in Wien Pharmazie zu studieren. Nach dem Tod des Vaters 1910 geriet die Familie in finanzielle Schwierigkeiten. Trakl versuchte als Apotheker in Innsbruck Fuß zu fassen und lernte dort seinen Förderer Ludwig von Ficker kennen, in dessen Halbmonatszeitschrift *Der Brenner* seine Gedichte von nun an regelmäßig veröffentlicht wurden. Trakl litt zunehmend unter Angst und Depression. Zeitweise hatte er nahezu panische Angst vor fremden Menschen und lebte, wohl auch bedingt durch Alkohol- und Drogenkonsum, in Zuständen zwischen Euphorie und Betäubung.
Im August 1914 brach der Erste Weltkrieg aus. Trakl wurde als Militärsanitäter einberufen. Er erlebte die Schlacht bei Grodek mit. Dabei hatte er fast einhundert Schwerverwundete unter schlechten Bedingungen allein und ohne zureichendes Material zu versorgen und wurde Zeuge der standrechtlichen Hinrichtung von 13 Kriegsgefangenen. Trakl beging einen Suizidversuch und wurde zur Beobachtung seines Geisteszustandes in ein Krakauer Militärhospital eingewiesen. Am Abend des 3. November 1914 starb Gorg Trakl dort nach Einnahme einer Überdosis Kokain an Herzstillstand.

Trakls Gedicht *In den Nachmittag geflüstert* habe nicht ich ausgewählt, sondern meine Deutsch-Fachleiterin Karin T., die mir und anderen Kommilitonen vor 15 Jahren dieses Gedicht als Aufgabe zu einer analogen Komposition vorlegte und damit unabsichtlich den Anstoß zu diesem Buchprojekt gab. Innerhalb einer Woche entstand mein erstes Spiegelgedicht *In die Nacht geflüstert*. Viele weitere sollten folgen. Danke Karin!

Tucholsy, Kurt (1890-1935)
Kurt Tucholsky wurde am 9. Januar 1890 als ältester Sohn des jüdischen Berliner Bankkaufmanns Alex Tucholsky und dessen Ehefrau Doris geboren. Der Vater starb früh und hinterließ der Familie

ein beträchtliches Vermögen. Nach dem Abitur begann Kurt Tucholsky 1909 ein Jura-Studium in Berlin. Während des Studiums erwachte sein Interesse für den politischen Journalismus und er begann für das SPD-Parteiorgan „Vorwärts" und später für die „Die Schaubühne" (später: Die Weltbühne) zu schreiben. 1912 veröffentlichte er die Erzählung *Rheinsberg–ein Bilderbuch für Verliebte* und wurde damit einem größeren Publikum bekannt.

Der Erste Weltkrieg bremste das journalistische Engagement Kurt Tucholskys. 1915 wurde er zum Wehrdienst an die Ostfront eingezogen, konnte aber durch Sonderaufgaben den verhassten Dienst an der Waffe umgehen. Die Kriegserfahrungen machten Tucholsky zum überzeugten Pazifisten und Antimilitaristen.

Nach der Rückkehr aus dem Krieg wurde Tucholsky Chefredakteur der Satire-Zeitschrift „Ulk" und arbeitete wieder für die „Weltbühne". Als politischer Schriftsteller widmete sich Tucholsky vor allem zwei Hauptthemen: dem deutschen Militarismus und den Angriffen von Rechts auf die noch junge Demokratie. Außerdem schrieb er Texte und Lieder für das Kabarett.

1920 heiratete Tucholsky die Ärztin Else Weil. Die Ehe mit Else wurde 1924 wieder geschieden. Noch im gleichen Jahr heiratete Tucholsky Mary Gerold. 1928 trennen sich auch Tucholsky und seine zweite Frau Mary wieder. Bereits 1927 hatte Tucholsky Lisa Matthias kennengelernt. Mit ihr verbrachte er 1929 den Sommer in Schweden. Von diesem Aufenthalt inspiriert schrieb er 1929 den Kurzroman *Schloß Gripsholm*. Wegen der zunehmenden Bedrohung durch die Nationalsozialisten blieb Tucholsky in Schweden und kehrte nicht mehr nach Deutschland zurück.

1933 nach der Machtübertragung an die Nationalsozialisten wurden seine Bücher in Deutschland verboten und Tucholsky die deutsche Staatsbürgerschaft entzogen. Am 21. Dezember 1935 verstarb Kurt Tucholsky in Göteborg, nachdem er durch persönliche Rückschläge und die politische Entwicklung in Deutschland schwer depressiv geworden war, an einer Überdosis Schlaftabletten.

Das Gedicht *Die Mäuler auf!* verdeutlicht, warum Kurt Tucholsky für die politische Rechte in der Weimarer Republik ein „rotes Tuch" darstellte: Seine Polemik ist entlarvend und pointiert. Mein Spiegelgedicht *Kaufen, Kaufen über alles!* versucht sich an den gegenwärtigen bundesrepublikanischen Verhältnissen.

Wagner, Jan (geb. 1971)
Jan Wagner wurde am 18. Oktober 1971 in Hamburg geboren. Er studierte Anglistik an der Universität Hamburg, am Trinity College

in Dublin und an der Humboldt-Universität zu Berlin. 1995 begann er zusammen mit Thomas Girst mit der Herausgabe der internationalen Lyrikschachtel *Die Außenseite des Elementes*. Seit dem Erscheinen seines ersten Gedichtbands *Probebohrung im Himmel* 2001 ist er als freier Schriftsteller, Herausgeber und Übersetzer aus dem Englischen und Amerikanischen tätig. Es folgten drei weitere Gedichtbände: 2004 *Guerickes Sperling,* 2007 *Achtzehn Pasteten* und 2010 *Australien*. Im Jahr 2004 erschien mit *Der falsche Weg nach Hause* eine Übersetzung der Gedichte des US-amerikanischen Dichters James Tate. Als Kritiker verfasst Wagner Rezensionen für die *Frankfurter Rundschau* und andere Zeitungen sowie für den Rundfunk. Jan Wagner lebt in Berlin.

Auch Jan Wagner hat seinen eigenen lyrischen Stil entwickelt (durchgängige Kleinschreibung, ständige Verssprünge und eine Vorliebe für unreine Reime und Assonanzen). Diese Stilmerkmale lassen sich auch an dem von mir ausgewählten Gedicht *ambra* erkennen und stellten für mich eine besondere Herausforderung bei der Komposition meines Spiegelgedichtes *adebar* dar.

Walther von der Vogelweide (ca. 1170 – ca. 1230)
Walther von der Vogelweide gilt als der bedeutendste deutschsprachige Lyriker des Mittelalters. Von ihm sind 90 *Minnelieder* und 150 *Sangsprüche* überliefert, außerdem ein religiöser *Leich*, eine Großform der höfischen mittelhochdeutschen Lyrik. Trotz seiner Berühmtheit wird sein Name in nur wenigen zeitgenössischen Quellen genannt, so dass man die meisten Angaben zu seiner Biografie seinen eigenen Werken entnommen hat.
Zu der Jugendzeit Walther von der Vogelweides gibt es kaum Informationen. In seinem *Preislied* weist Walther darauf hin, dass er weite Teile Europas bereist hat. Er erhielt an verschiedenen Höfen meistens nur kurzfristige Engagements als fahrender Sänger. Seine erste Wirkungsstätte als höfischer Minnesänger war der Hof des Herzog Friedrich I. von Österreich. Später weilte er am Hof des Landgrafen Hermann I. von Thüringen. Nach der Ermordung König Philipps 1208 scheint sich Walther zunächst dem Welfen Otto IV. und später seinem Gegner, dem Staufer Friedrich II., angeschlossen zu haben. Erst von Friedrich erhielt Walther ein Lehen, das ihn vom Zwang befreite, das Leben eines fahrenden Sängers führen zu müssen.
Das letzte datierbare Lied Walthers aus dem Jahr 1227, die so genannte *Elegie*, enthält einen Aufruf an die Ritterschaft, am fünften Kreuzzug Friedrichs II. teilzunehmen. Das genaue Todes-

jahr Walther von der Vogelweides wie auch seine vermeintliche Grabstätte in Würzburg sind nicht gesichert.

Der Minnesang *Under der linden* ist das berühmteste lyrische Werk Walther von der Vogelweides, das das Liebeserlebnis einer jungen Frau mit ihrem höfischen Geliebten in der freien Natur beschreibt. Es wurde zu verschiedenen Zeiten ins Hochdeutsche übertragen, mit aus meiner Sicht eher unbefriedigenden Ergebnissen. Meine Übertragung versucht, soweit wie möglich die Verse der Waltherschen Lyrik wort-, sinn- und reimgetreu ins Hochdeutsche zu übertragen und nur an wenigen Stellen behutsam neu zu dichten, so dass die Ursprungsform des Gedichts weitestgehend erhalten bleibt. Inwieweit mir das gelungen ist, mögen andere beurteilen.

Wedekind, Frank (1864 – 1918)
Frank Wedekind wurde am 24. Juli 1864 als zweites von fünf Kindern des Ehepaares Friedrich Wedekind und seiner Ehefrau Emilie in Hannover geboren. Sein Vater war nach der gescheiterten Revolution von 1848 nach San Francisco ausgewandert, wo er mit Grundstücksspekulationen während des kalifornischen Goldrauschs ein bedeutendes Vermögen erwarb, und kehrte 1864 nach Deutschland zurück. 1872 übersiedelte die Familie in die Schweiz.
Nach der Matura 1884 begann Frank Wedekind zunächst ein Literaturstudium an der Universität Lausanne, dann auf Wunsch des Vaters ein Jurastudium in München, das er aber abbrach und später in Zürich für kurze Zeit erneut aufnahm. Wedekind arbeitete stattdessen unter anderem als Journalist, als Werbetexter und als Sekretär bei einem Zirkus. Im Jahr 1888 starb Wedekinds Vater und hinterließ Wedekind ein beträchtliches Erbe, das ihm für einige Jahre finanzielle Unabhängigkeit gewährte.
1896 begründete Wedekind die Satirezeitschrift „Simplicissimus" mit, in der er unter verschiedenen Pseudonymen veröffentlichte. Die Verbreitung eines satirischen Gedichts über Kaiser Wilhelm II. 1898 zwang ihn zur Flucht nach Paris. Als er 1899 nach Deutschland zurückkehrte, wurde er wegen „Majestätsbeleidigung" verurteilt und für sechs Monate in Festungshaft genommen.
Wedekind wirkte als Dichter, Schauspieler, Kabarettist und Journalist. Er sang im Münchner Kabarett „Die Elf Scharfrichter" nach eigenen Melodien seine Lieder zur Gitarre. In seinen Theaterstücken übte Wedekind scharfe Gesellschaftskritik. Mit Dramen wie *Frühlings Erwachen* und *Lulu* wandte er sich gegen schulische Dressur, bürgerliche Scheinheiligkeit, sexuelle Prüderie und provozierte das bürgerliche Publikum.

Entgegen den sittlichen Konventionen seiner Zeit hatte Wedekind mit wechselnden Partnerinnen mehrere Kinder: Mit der Schauspielerin Tilly Newes hatte Wedekind zwei Töchter. Aus einer Liebesaffäre mit Frida Strindberg, der Ehefrau des schwedischen Schriftstellers August Strindbergs, ging ein Sohn hervor.
1906 ließ sich Wedekind in München nieder. Dort lebte er bis zu seinem Tod zusammen mit seiner Ehefrau Tilly Newes. Frank Wedekind starb am 9. März 1918 nach einer Blinddarmoperation. Seine Beerdigung, an der neben vielen Künstlern auch zahlreiche Damen aus dem Rotlichtmilieu teilnahmen, wurde zu einem gesellschaftlichen Skandal.

Das von mir ausgewählte Gedicht *Altes Lied* ist für ein Gedicht Frank Wedekinds atypisch asexuell („sie konnten beisammen nicht kommen"). Dass die vernachlässigte, wohlgeformte Bäckersfrau nach der Devise lebte „Je oller, je doller", zeigt sich nun hundert Jahre später im *Neuen Lied*.

Weerth, Georg (1822 – 1856)
Georg Weerth wurde am 17. Februar 1822 als Sohn des Pfarrerehepaars Ferdinand und Wilhelmina Weerth in Detmold geboren. Weerth musste das Gymnasium abbrechen und begann in Elberfeld eine kaufmännische Lehre. 1838 trat Weerth dem Literaturkreis um Ferdinand Freiligrath bei. Weerths erstes Gedicht *Der steinerne Knappe* erschien 1841 in einer Gedichtsammlung.
Nach zwei Handelsanstellungen in Köln und Bonn zog Weerth 1843 nach Bradford in Yorkshire, um dort als Korrespondent des Kammgarn- und Wollunternehmens *Ph. Passavant & Co* zu arbeiten. Über einen befreundeten Arzt, der in den Arbeitervierteln praktizierte, lernte er die Folgen der Industrialisierung, d.h. die Armut und Not der Arbeiterquartiere, kennen.
In England machte Weerth auch Bekanntschaft mit Friedrich Engels und traf auf einer Reise nach Belgien 1845 erstmalig Karl Marx. Er schloss sich ihrem Bund der Kommunisten an und arbeitete auf seinen Handelsreisen für den Bund als Kurier.
Als 1848 die lang erwartete Revolution in Frankreich und Deutschland ausbrach, reiste Weerth zunächst nach Paris und anschließend nach Köln, um an der von Marx geleiteten *Neuen Rheinischen Zeitung* als Redakteur mitzuarbeiten.
Nach dem Scheitern der Revolution unternahm Weerth zunächst lange Handelsreisen durch Westeuropa. 1852 übernahm Weerth die Agentur der Firma *Steinthal & Co.* für Westindien und zog auf die Karibikinsel Saint Thomas. 1856 siedelte Weerth nach Havanna

über. Am 30. Juli 1856 starb Georg Weerth im Alter von 34 Jahren in Havanna Kuba an einer Gehirnhautentzündung.

Das *Hungerlied* entstand 1844 anlässlich der Weberaufstände und thematisiert das Desinteresse des Preußenkönigs Friedrich II an der Notlage der schlesischen Weber und der Arbeiterschaft insgesamt. Ähnlicher Zynismus begegnet uns auch im 21. Jahrhundert noch bei demokratisch gewählten Politikern und Managern, die auch heute noch gerne den Gürtel enger schnallen lassen, leider nur selten den ihren. Von einem wirklichen Prachtexemplar eines zynischen Politikers handelt mein Spiegelgedicht *Das große Fressen*.

Wolf, Uljana (geb. 1979)
Uljana Wolf wurde am 6. April 1979 in Berlin geboren. Nach dem Abitur studierte sie Germanistik, Anglistik und Kulturwissenschaften in Berlin und Krakau.
Gedichte der jungen Autorin wurden in Zeitschriften und Anthologien in Deutschland, Polen, Weißrussland und Irland veröffentlicht. 2005 erschien Wolfs bisher erster Lyrikband *kochanie ich habe brot gekauft*. Ihr zweiter Gedichtband *falsche freunde* erschien 2009. Darüber hinaus ist Wolf als Übersetzerin von Christian Hawkey aus dem amerikanischen Englisch tätig. Uljana Wolf lebt in Berlin und New York.

Auch Uljana Wolf verzichtet wie viele zeitgenössische Lyriker konsequent auf traditionelle Metrik, Reime, Großschreibung und Interpunktion. Viele ihrer Gedichte sind genau wie das von mir ausgewählte Gedicht *brüderchen & schwesterchen* in Doppelverspaare gegliedert und erzielen ihre akustische Wirkung durch die eingesetzten Assonanzen und Alliterationen.
Mein Spiegelgedicht *grimmige märchen* greift das Thema der Grimmschen Kinder- und Hausmärchen auf, die ich als Kind ausgesprochen gerne gelesen habe, dabei vor allem auch die weniger bekannten und noch grausameren Märchen wie z.B. *Der König vom goldenen Berge* oder *Der Königssohn, der sich vor nichts fürchtet* oder eben *Der Jude im Dorn*. wobei es einem heute insbesondere bei letzterem Märchen mit dem Wissen um den Holocaust an den europäischen Juden wirklich grausen kann.

Zander, Judith (geb. 1980)
Judith Zander wurde am 13. November 1980 in Anklam geboren und lebt heute in Berlin. Sie studierte Germanistik, Anglistik und Geschichte in Greifswald sowie am Deutschen Literaturinstitut in

Leipzig. Sie arbeitet als Übersetzerin und veröffentlichte Lyrik und Prosa in Zeitschriften und Anthologien. Für ihren Debütroman *Dinge, die wir heute sagten* erhielt Zander den Uwe-Johnson-Preis 2011. Ebenfalls 2011 erschien ihr erster Gedichtband *oder tau*.

Auch Judith Zander hat wie fast alle jüngeren Lyrikerinnen ihre eigenen lyrischen Stil entwickelt: durchgehende Kleinschreibung, der nahezu vollständige Verzicht auf jegliche Form der Interpunktion, häufige vokalische Gleichklänge (*spätestens, tägliches Blättern*) sowie die typisch modernen mehrdeutigen Wortbedeutungen, Motive, Bilder und syntaktischen Verknüpfungen. Dementsprechend verweigern sich ihre Gedichte der einfachen Interpretation durch den Leser. Dies gilt auch für ihr Gedicht *was immer auch geschieht*. Mein Spiegelgedicht *was doch nicht geschieht* ist dagegen leichter verständlich, eben weil ich im Unterschied zu Judith Zander bewusst auf einen gemeinsamen Sprach- und Erfahrungshorizont von Lyriker und Leser abziele.

Zitz-Halein, Kathinka (1801 – 1877)
Kathinka Zitz wurde am 4. Nov. 1801 als Tochter des Kaufmanns Anton Viktor F. Halein und seiner Ehefrau Anna Maria Kunigunde in Mainz geboren. Sie wurde in Pensionaten in Mainz und Straßburg ausgebildet und entdeckte früh ihr Talent für das Schreiben. Nach dem Tod der Mutter und dem Bankrott des Vaters übernahm Kathinka Halein 1825 in Darmstadt eine Stelle als Erzieherin und zwei Jahre später die Leitung des Höheren Töchterinstituts in Kaiserslautern. Die Anstellung gab sie jedoch wieder auf, um ihre kranke Schwester Julia Charlotte zu pflegen, die 1833 im Alter von nur 25 Jahren verstarb. Das langjährige Verlöbnis mit einem preußischen Offizier löste Kathinka Halein auf, als der erwartete Heiratsantrag ausblieb.
1837 heiratete Kathinka Halein den vermögenden Advokaten und demokratischen Politiker Dr. Franz Heinrich Zitz. 1848 wurde Franz Zitz Mitglied der Frankfurter Nationalversammlung. Nach Niederschlagung der Revolution 1949 wanderte Zitz nach Amerika aus. Kathinka Zitz-Halein widersetzte sich einer Auflösung der Ehe und setzte gerichtlich gegen ihren Ehemann jährliche Unterhaltszahlungen durch, die ihr eine, wenn auch beengte, finanzielle Unabhängigkeit sicherten.
Unter dem Einfluss der 1848er Revolution wandelte sich auch Kathinka Zitz-Halein zur Demokratin und engagierte sich in Mainz für die Gründung der Humania, eines demokratischen Frauenhilfsvereins. In den Folgejahren entstanden Aufsätze, Novellen, Ge-

dichte, Übersetzungen, Zeitungsartikel, Erzählungen und Romane, die Kathinka Halein unter ihrem Geburtsnamen sowie verschiedenen Pseudonymen veröffentlichte. Unter den politischen Verhältnissen des Nachmärzes blieben ihre auf die Berufsschriftstellerei und den Gelderwerb ausgerichteten Texte der traditionellen Frauenrolle verhaftet und auch die vormalige demokratische Gesinnung der Autorin lässt sich in ihren Spätwerken nicht mehr nachweisen, stattdessen eine Rückwendung zu ihren früheren monarchistischen Anschauungen.

Am Grauen Star erkrankt verbrachte Kathinka Zitz-Halein ihre letzten Lebensjahre im St.Vinzenziuspensionat der Barmherzigen Schwestern in Mainz, wo sie am 8. März 1877 verstarb.

Das Gedicht *Für einen übertreibenden Deutschthümler* ist 1853 in den Nachrevolutionsjahren entstanden und wendet sich ganz offensichtlich gegen die erstarkende antidemokratische, nationalistische Rechte und wird Zitz-Halein nicht wenige Anfeindungen entgegengebracht haben, denen sie ohnehin als alleinstehendes „Frauenzimmer" ausgesetzt war.

Mein Spiegelgedicht *Sarrazinesisch–Übersetzungsübung* ist auf einen heutigen übertreibenden Deutschthümler gerichtet, Thilo Sarrazin, der in seinem 2010 erschienenen Buch *Deutschland schafft sich ab* auf 464 ermüdenden Seiten mit empirischen Quellenmaterial nachzuweisen versucht, dass Deutschland durch den überbordenden Sozialstaat, den Geburtenrückgang, fehlende Bildung und die Einwanderung insbesondere muslimischer Immigranten in seiner Zukunftsfähigkeit bedroht ist.

Quellenverzeichnis

Aichinger, Ilse: Alter Blick
Aus: Aichinger, Ilse: Verschenkter Rat. Frankfurt/ Main 1991.

Aktoprak, Levent: Sair – der Poet
Aus: Levent Aktoprak: Ein Stein der blühen kann. Berlin 1985.

Ausländer, Rose: Venedig II
Aus: Ausländer, Rose: Gedichte. Frankfurt/ Main 2001.

Bachmann, Ingeborg: Aufblickend
Aus: Bachmann, Ingeborg: Sämtliche Gedichte. München 2010, 7. Aufl.

Bobrowski, Johannes: Holunderblüte
Aus: Bobrowski, Johannes: Nachbarschaft. Gedichte. München 1998.

Böttcher, Bas: Babylon 2.8
Aus: Böttcher, Bas: Neonomade. Dresden/Leipzig 2009.

Bodmershof, Imma von: Aus meinen Händen
Aus: von Bodmershof, Imma: Haiku. München 2002.

Borchert, Wolfgang: Liebeslied
Aus: Borchert, Wolfgang: Das Gesamtwerk. Hamburg 1991.

Bossong, Nora: Worpswede
Aus: Bossong, Nora: Sommer vor den Mauern. Gedichte. München 2011.

Brecht, Bertold: Der Nachgeborene
Aus: Brecht, Bertold: Die Gedichte in einem Band. Frankfurt/ Main 2003.

Brinkmann, Rolf Dieter: Einfache Gedanken über meinen Tod
Aus: Brinkmann, Rolf Dieter: Standphotos. Gedichte 1962 – 1970. Hamburg 1980.

Cirak, Zehra: Was tust du
Aus: Cirak, Zehra: Vogel auf dem Rücken eines Elefanten. Köln 1991.

Cumart, Nevfel: unsagbar
Aus: Cumart, Nevfel: Schlaftrunken die Sterne. Liebesgedichte. Düsseldorf 1997.

Degenhardt, Franz Josef: Zwei und zwei
Aus: Degenhardt, Franz Josef: Kommt an den Tisch unter Pflaumenbäumen. Hamburg 1986.

Delius, Friedrich Christian: Abend
Aus: Delius, Friedrich Christian: Selbstporträt mit Luftbrücke. Ausgewählte Gedichte 1962 – 1992. Leck 1993.

Domin, Hilde: Appell
Aus: Domin, Hilde: Sämtliche Gedichte. Frankfurt/ Main 2009

Droste, Wiglaf: Über das Faulenzen
Aus: Droste, Wiglaf: nutzt gar nichts, es ist liebe. Gedichte. Leipzig 2005.

Droste- Hülshoff, Elisabeth von: Letzte Worte.
Aus: Annette Freiin von Droste Hülshoff: Gedichte. Vaduz 1948. Anm: Das Gedicht wurde bisher Annette von Droste-Hülshoff zugeschrieben, stammt aber nach neueren Angaben von ihrer Nichte Elisabeth.

Fontane, Theodor: Im Garten
Aus: Reiners, Ludwig: Der ewige Brunnen. Ein Volksbuch deutscher Dichtung. München 1966.

Gernhardt, Robert: Das Schnabeltier
Aus : Gernhardt, Robert: Reim und Zeit. Gedichte. Stuttgart 2009.

Goll, Claire: Unschlaflied
Aus: Killy, Walther (Hrsg.): Deutsche Lyrik von den Anfängen bis zur Gegenwart. Band 9 Deutsch Lyrik 1900 – 1960, S. 194. München 2001.

Gomringer, Nora: Die Kinder schlafen
Aus: Gomringer, Nora: Sag doch mal was zur Nacht. Dresden/Leipzig 2006.

Grünbein, Durs: Potsdamer Platz
Aus dem Gedichtzyklus „Berliner Runde". In: Grünbein, Durs: Nach den Satiren. Gedichte. Frankfurt/ Main 1999.

Gryphius, Andreas: Thränen des Vaterlandes anno 1636
Aus: Gryphius, Andreas. Gedichte. Ditzingen 1986.

Günderrode, Caroline von: Liebe
Aus: Killy, Walther (Hrsg.): Deutsche Lyrik von Anfängen bis zur Gegenwart. Band 7: 1800 – 1830. München 2001.

Güvenis, Halil: Der Quälgeist der Deutschen
Aus: Güvenis, Halil: ein heiterer Refrain auf meinen Lippen. Freiburg 2008.

Hacks, Peter: Als mein Mädchen zu Besuch kam
Aus: Hacks, Peter: Hundert Gedichte. Berlin 2004.

Heine, Heinrich: In meiner Erinnrung
Auszug aus: Heine, Heinrich: Neuer Frühling In: Ders.:Gedichte. München, ohne Jahresangabe.

Hensel, Kerstin: Schlachteplatte
Aus: Hensel, Kerstin: Bahnhof verstehen. Gedichte 1995 bis 2000. München 2001.

Hölderlin, Friedrich: An die Parzen
Aus: Hölderlin,Friedrich: Sämtliche Werke. Frankfurt/ Main 1965.

Huch, Ricarda: Ich werde nicht an deinem Herzen satt
Aus: Ricarda Huch: Gesammelte Werke. Köln 1971.

Huchel, Peter: Der Rückzug
Aus: Huchel, Peter: Gedichte. Frankfurt/ Main 1989.

Kästner, Erich: Wieso warum?
Aus: Das Erich-Kästner Lesebuch. Augsburg 2009.

Kaléko, Mascha: Bleibtreu heißt die Straße
Aus: Kaléko, Mascha: Mein Lied geht weiter. Hundert Gedichte. München, 10. Aufl. 2010.

Kaschnitz, Marie Luise: Vom Strand wo wir liegen
Aus: Kaschnitz, Marie Luise: Gedichte. Frankfurt/ Main 2002.

Kaube, Suzan Emine: Langsam
Aus: Kaube, Suzan Emine: Heimlich und kühl. Gedichte. Aachen 1999.

Kirsch, Sarah: Bei den weißen Stiefmütterchen
Aus: Kirsch, Sarah: Sämtliche Gedichte. München, 2. Aufl. 2005

Kiwus, Karin: Im ersten Licht
Aus Kiwus, Karin: Zweifelhafter Morgen. Gedichte. Leipzig 1987.

Klabund (alias: Henschke, Alfred): Der südliche Herbst
Aus: Die schönsten deutschen Gedichte aus acht Jahrhunderten. Hamburg 2010.

Köhler, Barbara: Rondeau Allemagne
Aus: Arnold, Heinz Ludwig (Hrsg.): Lyrik der DDR. Anthologie. Frankfurt/Main 2009.

Kolmar, Gertrude: Liebe im Gras
Aus: Kolmar, Gertrude: Liebesgedichte. Berlin 2010

Kräftner, Hertha: Betrunkene Nacht
Aus: Brinker-Gabler, Gisela: Deutsche Dichterinnen vom 16. Jahrhundert bis zur Gegenwart. Köln 2007, erw. Neuausgabe.

Kraft, Gisela: Lustgarten
Aus: Kraft, Gisela: Weimarer Störung. Gedichte aus dem Nachlass. Weimar 2010.

Krechel, Ursula: Versanden
Aus: Krechel, Ursula: Ungezürnt. Gedichte. Frankfurt/ Main 1997.

Kunert, Günther: Über einige Davongekommene
Aus: Arnold, Heinz Ludwig (Hrsg.): Lyrik der DDR. Anthologie. Frankfurt/Main 2009.

Kunze, Reiner: Die Mauer
Aus: Arnold, Heinz Ludwig (Hrsg.): Lyrik der DDR. Anthologie. Frankfurt/Main 2009.

Lasker - Schüler, Else: Mein blaues Klavier
Aus: Lasker - Schüler, Else: Gesammelte Werke. Band 1: Die Gedichte 1902 – 1943. Berlin, 8. Aufl. 1997.

Lingen, Thekla: Winterwanderung
Aus: Brinker-Gabler, Gisela: Deutsche Dichterinnen vom 16. Jahrhundert bis zur Gegenwart. Köln 2007, erw. Neuausgabe.

Ludwig, Paula: An meinen Sohn
Aus: Brinker-Gabler, Gisela: Deutsche Dichterinnen vom 16. Jahrhundert bis zur Gegenwart. Köln 2007, erw. Neuausgabe.

Mayröcker, Friederike: Jalousie
Aus Mayröcker, Friederike: Liebesgedichte. Frankfurt/Main 2006.

Mörike, Eduard: Septembermorgen
Aus: Reiners, Ludwig: Der ewige Brunnen. Ein Volksbuch deutscher Dichtung. München 1966.

Morgenstern, Christian: Der Lattenzaun
Aus: Maintz, Christian (Hrsg.): Der Bär verspürt an manchen Tagen ein rätselhaftes Unbehagen. Komische Gedichte des 20. Jahrhunderts. Augsburg 2000.

Müller, Inge: Liebe 45
Aus: Arnold, Heinz Ludwig (Hrsg.): Lyrik der DDR. Anthologie. Frankfurt/Main 2009.

Nick, Dagmar : Sterben II
Aus: Nick, Dagmar: Gezählte Tage. Gedichte. Waldbrunn 1986.

Nitzberg, Alexander: Der Regenschirm
Aus: Nitzberg, Alexander: Getrocknete Ohren. Gedichte. Düsseldorf 1996.

Novak, Helga M. : Krebse im Flakensee
Aus: Novak, Helga M.: Margarete mit dem Schrank. Gedichte. Berlin 1978.

Novalis (alias: Hardenberg, Friedrich v.) : Getrost das Leben schreitet
Aus: Novalis. Werke in einem Band. München 1981.

Oliver, José F.A. Oliver: amour en passant
Aus : Oliver, José F. A.: fernlautmetz. Frankfurt/Main 2000.

Özdemir, Hasan: umbruch
Aus: Özdemir, Hasan: Vogeltreppe zum Tellerrand. Gedichte. Berlin, 2. Auflage 2005.

Poschmann, Marion: Umspannwerk Ost
Aus: Poschmann, Marion: Grund zu Schafen. Gedichte. Frankfurt/ Main 2004.

Reinig, Christa: Verwandlung
Aus: Reinig, Christa: Die Prüfung des Lächlers. Gesammelte Gedichte. München 1960

Ringelnatz, Joachim: Gedicht in Bi-Sprache.
Aus: Ringelnatz, Joachim: Die besten Gedichte. Verlasst den schwankenden Boden der Nüchternen, ... Wiesbaden 2005.

Rühmkorf, Peter: Formal nicht zu fassen
Aus: Rühmkorf, Peter: Kuss der Erkenntnis. Stuttgart 2011

Sachs, Nelly: Wenn ich nur wüsste
Aus: Sachs, Nelly: Gedichte. Frankfurt/ Main 1977.

Schrott, Raoul: eine egge für den regen
Aus: Schrott, Raoul: Tropen. München/ Wien 1998.

Schultens, Katharina: am Abend
Aus: Schultens, Katharina: Aufbrüche. Gedichte. Alf, Mosel 2004.

Schwarz, Sibylla: Lied
Aus: Brinker-Gabler, Gisela: Deutsche Dichterinnen vom 16. Jahrhundert bis zur Gegenwart. Köln 2007, erw. Neuausgabe.

Singh, Rajvinder: Eindringliche Absichten
Aus: Singh, Rajvinder: Ufer der Zeit. Berlin 1999

Stoecklin, Franzisca: Die singende Muschel.
Aus: Brinker-Gabler, Gisela: Deutsche Dichterinnen vom 16. Jahrhundert bis zur Gegenwart. Köln 2007, erw. Neuausgabe.

Trakl, Georg: In den Nachmittag geflüstert
Aus: Trakl, Georg: In den Nachmittag geflüstert. Sämtliche Gedichte. Wiesbaden 2009.

Tucholsky, Kurt: Die Mäuler auf!
Aus: Tucholsky, Kurt: Gedichte. Frankfurt/ Main 2010.
Vogelweide, Walther von der: Under der linden
Aus: Die schönsten deutschen Gedichte aus acht Jahrhunderten. Hamburg 2010.
Wagner, Jan: ambra
Aus: Wagner, Jan: Achtzehn Pasteten. Gedichte. Berlin 2007.
Wedekind, Frank: Altes Lied.
Aus: Maintz, Christian (Hrsg.): Der Bär verspürt an manchen Tagen ein rätselhaftes Unbehagen. Komische Gedichte des 20. Jahrhunderts. ugsburg 2000.
Weerth, Georg: Das Hungerlied
Aus: Georg Weerth: Sämtliche Werke. Band 1: Gedichte. Berlin 1956.
Wolf, Uljana: brüderchen und schwesterchen
Aus: Wolf, Uljana: kochanie ich habe brot gekauft. Gedichte. Nördlingen 2007.
Zander, Judith: was auch immer geschieht
Aus: Zander, Judith: oder tau. gedichte. München 2011.
Zitz-Halein, Kathinka: Für einen übertreibenden Deutschthümler
Aus: Brinker-Gabler, Gisela: Deutsche Dichterinnen vom 16. Jahrhundert bis zur Gegenwart. Köln 2007, erw. Neuausgabe.

Inhaltsverzeichnis

Liebe..9

Liebe (Caroline von Günderrode)....................10
Kosmos (Paul Plagge)..11
Im Garten (Theodor Fontane)..............................12
Am Strand (Paul Plagge)......................................13
Bei den weißen Stiefmütterchen (Sarah Kirsch)...........14
Im Park unter der Weide (Paul Plagge)...................15
In meiner Erinnrung erblühen (Heinrich Heine)...........16
Ich habe das Gesicht vergessen (Paul Plagge)..............17
Lied (Sbylla Schwarz)...18
Klagelied der Sibylla Schwarz (Paul Plagge)..............19
Ich werde nicht an deinem Herzen satt (R. Huch)........20
Ich finde keine Ruh' in meiner Brust (Paul Plagge).....21
Liebe im Grase (Gertrud Kolmar)...........................22
Sommernachtstraum (Paul Plagge)............................23
unsagbar (Nevfel Cumart)....................................24
vertraut (Paul Plagge).......................................25
Aufblickend (Ingeborg Bachmann)...........................26
Auf dich blickend (Paul Plagge)............................27
Liebeslied (Wolfgang Borchert).............................28
Sorgenlied (Paul Plagge)....................................29
Betrunkene Nacht (Hertha Kräftner).........................30
Der Morgen danach (Paul Plagge)............................31
Under der linden (Walther von der Vogelweide).........32
Unter den Linden (Paul Plagge).............................34
Vom Strand wo wir liegen (Marie Luise Kaschnitz)....36
In einer Hütte am Ende der Welt (Paul Plagge)...........37
Als mein Mädchen zu Besuch kam (Peter Hacks).......38
An dem Tag, an dem mein Mädchen (Paul Plagge).....39

Im ersten Licht (Karin Kiwus)..................................40
Der letzte Abend (Paul Plagge)................................41
Eindringliche Absichten (Rajvinder Singh)...............42
Tiefe Einsichten (Paul Plagge)..................................43
Liebe 45 (Inge Müller)..44
Liebe 1989 (Paul Plagge)..45
umbruch (Hasan Özdemir).......................................46
anfang (Paul Plagge)...47
Jalousie (Friedericke Mayröcker).............................48
Eiserner Vorhang (Paul Plagge)................................49
amour en passant (Jose F. A. Oliver)........................50
lost love (Paul Plagge)..51
An meinen Sohn (Paula Ludwig)..............................52
Für meine Söhne (Paul Plagge).................................53

Natur..55

In den Nachmittag geflüstert (Georg Trakl)..............56
In die Nacht geflüstert (Paul Plagge)........................57
Winterwanderung (Thekla Lingen)...........................58
Frühjahrswanderung (Paul Plagge)...........................59
Langsam (Suzan Emine Kaube).................................60
Rasend (Paul Plagge)...61
eine egge für den regen (Raul Schrott).....................62
lange furchen, sanftes schaukeln (Paul Plagge)...........63
Krebse im Flakensee (Helga M. Novak)...................64
Krabben aus Friedrichskoog (Paul Plagge)...............65
Worpswede (Nora Bossong).....................................66
Vegesack (Paul Plagge)...67
Aus meinen Händen (Imma von Bodmershof)............68
Sonnengelbes Gold (Paul Plagge).............................69
ambra (Jan Wagner)..70
adebar (Paul Plagge)...71

Umspannwerk Ost (Marion Poschmann).....................72
drive-in-netherlands (Paul Plagge).............................73
Septembermorgen (Eduard Mörike)..........................74
Novembermorgen (Paul Plagge)................................75
Schlachteplatte (Kerstin Hensel)................................76
Kohl und Pinkel (Paul Plagge)...................................77

Gegenstände..79
Die singende Muschel (Franzisca Stoecklin)...............80
Die afrikanische Maske (Paul Plagge).........................81
Der Regenschirm (Alexander Nitzberg)......................82
Der Einkaufswagen (Paul Plagge)...............................83

Reflexionen..85
Verwandlung (Christa Reinig)....................................86
Durchdringung (Paul Plagge).....................................87
Alter Blick (Ilse Aichinger)...88
Neuer Blick (Paul Plagge)..89
Getrost das Leben schreitet (Novalis).........................90
Utopia ist vergangen (Paul Plagge).............................91
Was tust du (Zehra Cirak)..92
Blick zurück (Paul Plagge)...93
Rondeau Allemagne (Barbara Köhler)........................94
Heimatlied (Paul Plagge)..95
Potsdamer Platz (Durs Grünbein)...............................96
Havelchaussee (Paul Plagge)......................................97
Venedig II (Rose Ausländer).......................................98
London Sommer 2011 (Paul Plagge)...........................99
Sair – Der Poet (Levent Aktoprak) 100
Der Riese im Berg (Paul Plagge)...............................101
was auch immer geschieht (Judith Zander)...............102
was doch nicht geschieht (Paul Plagge)....................103

am Abend (Katharina Schultens)..................................104
am Morgen (Paul Plagge)..105
Abend (F.C. Delius)...106
Viñales (Paul Plagge)...107
Formal nicht zu fassen (Peter Rühmkorf).................108
Lyrische Kollage (Paul Plagge)..................................109

Rätselhaftes..111

Versanden (Ursula Krechel).......................................112
Gestrandet (Paul Plagge)..113
Unschlaflied (Claire Goll)..114
Nosferatu (Paul Plagge)..115
Der südliche Herbst (Klabund).................................116
Danza macabre (Paul Plagge)....................................117
brüderchen & schwesterchen (Uljana Wolf).............118
grimmige märchen (Paul Plagge)..............................119

Politisches..121

Lustgarten (Gisela Kraft)..122
Irrgarten (Paul Plagge)..123
Die Mauer (Reiner Kunze)...124
Zum Gedenken (Paul Plagge)....................................125
Die Mäuler auf! (Kurt Tucholsky).............................126
Kaufen, kaufen über alles! (Paul Plagge).................127
Für einen übertreibenden Deutschthümler (Halein)...128
Sarrazinesisch - Übersetzungsübung (Paul Plagge)...129
Das Hungerlied (Georg Weerth)...............................130
Das große Fressen (Paul Plagge)..............................131
Über einige Davongekommene (Günter Kunert).......132
Fukushima (Paul Plagge)...133
Der Quälgeist der Deutschen (Halil Güvenis)..........134
Die Gespenster der Globalisierung (Paul Plagge)......135

Der Nachgeborene (Bertold Brecht)..........................136
Gesunder Pessimismus (Paul Plagge).......................137
Thränen des Vaterlandes (Andreas Gryphius)............138
Tränen der Erde (Paul Plagge)..................................140

Weltkrieg und Shoa..**143**

Mein blaues Klavier (Else Lasker-Schüler)...............144
Das alte Klavier (Paul Plagge)..................................145
Wenn ich nur wüsste (Nelly Sachs)..........................146
das blutende Wort (Paul Plagge)...............................147
　Der Rückzug (Peter Huchel)..................................148
Fern(seh)krieg (Paul Plagge)....................................149
Bleibtreu heißt die Straße (Mascha Kaleko).............150
Ist noch nicht so lange her (Paul Plagge)..................151
Holunderblüte (Johannes Bobrowski).......................152
Straßenbahngespräch (Paul Plagge)..........................153

Trauer und Tod..**155**

An die Parzen (Friedrich Hölderlin).........................156
In memoriam Gordon Z. (Paul Plagge).....................157
Appell (Hilde Domin)...158
Klage (Paul Plagge)..159
Sterben (Dagmar Nick)...160
Suche (Paul Plagge)..161
Einfache Gedanken über meinen Tod (Brinkmann)...162
Der Tod und der Dichter (Paul Plagge).....................163
Letzte Worte (Elisabeth v. Droste - Hülshoff)...........164
Erste Worte (Paul Plagge)...165

Komisches..**167**

Der Lattenzaun (Christian Morgenstern)..................168
Das Baumhaus (Paul Plagge)....................................169

das Schnabeltier (Robert Gernhardt)..........................170
der Elefant (Paul Plagge)..171
Über das Faulenzen (Wiglaf Droste)..........................172
Über die Fleißigen (Paul Plagge)................................173
Altes Lied (Frank Wedekind).....................................174
Neues Lied (Paul Plagge)..175
Gedicht in Bi-Sprache (Joachim Ringelnatz).............176
Gedicht in To-Sprache (Paul Plagge).........................177
Zwei und zwei (Franz Josef Degenhardt)...................178
Drei mal drei (Paul Plagge)..179
Wieso warum? (Erich Kästner)..................................180
Frag nicht warum! (Paul Plagge)................................181

slam poetry and spoken word..................................183

Die Kinder schlafen (Nora Gomringer).....................184
Flugzeuge fallen (Paul Plagge)...................................185
Babylon 2.8 (Bas Böttcher)..186
Generation zwei-null-elf (Paul Plagge)......................187

Nachwort..188

Hinweis an Leserinnen...190

Urheberrechtliche Anmerkungen...........................191

Biografien und Anmerkungen 192

Quellenverzeichnis...254